ENGEL

Geschichten aus alter Zeit

Erzählt von

Christa Spilling-Nöker

HERDER

FREIBURG · BASEL · WIEN

Einladung

Der Glaube an Engel ist heutzutage wieder lebendig geworden. Damit reihen wir uns in eine Jahrtausende währende Überlieferung ein. Die Vorstellung von Engeln hat sich im Laufe der Zeit allerdings gewandelt. Verstehen wir Engel heute eher als Geistwesen oder als spirituelle Erfahrung, so erzählen alte Geschichten von Engeln, die für die Augen sichtbar sind, die klare Worte finden und ihr Handeln auch einmal überdenken und verändern. Ob ein Engel eine Frau schützt, damit sie mit guten Gedanken einen Sohn empfangen kann oder sich einem Mann mit einem sprechenden Esel in den Weg stellt, um ihn vor einer Verirrung zu bewahren; sie sind mal heiter, mal nachdenklich, aber immer spannend, diese alten Erzählungen, Märchen und Legenden. Man kann in ihnen versinken und ins Träumen geraten.

INHALT

DER ENGEL METATRON

Elischa war ein sehr frommer Mann vor Gott, und er und seine Frau wünschten sich nichts sehnlicher als Kinder. Doch jedes Mal, wenn die Frau geboren hatte, starb das Kind, und es lag eine tiefe Trauer über dem Haus. Eines Tages rief die Frau verzweifelt: »Alle Welt hat Kinder, nur wir haben keine.«

Da antwortete ihr Mann: »Rabbi Jochanan hat mir ein Geheimnis anvertraut: Ob ein Kind geboren wird und am Leben bleibt, hängt davon ab, welche Gedanken die Frau bewegen, wenn sie aus dem Tauchbad kommt und sich mit ihrem Mann vereinigt. Hat sie böse Gedanken, so kann das Kind nicht gedeihen. Bei guten Gedanken jedoch entwickeln sich die Kinder zur Freude der Eltern und des barmherzigen Gottes.« Die Frau war tief bewegt von diesen Worten. Hatte sie denn, wenn sie mit Elischa zusammenkam, nicht an ihre Liebe zu ihm gedacht? Immer wieder gingen ihr seine Worte durch den Kopf. »Ich verspreche dir, in Zukunft an noch mehr Gutes zu denken als bisher, wenn ich aus dem Bad komme und mich zu dir lege«, antwortete sie.

Eines Tages ging die Frau wieder zum Tauchbad. Sie war voller guter Gedanken, als ihr auf dem Heimweg ein Schwein über den Weg lief. Sie bekam es mit der Angst zu tun und beeilte sich, das Bad erneut aufzusuchen, denn sie fürchtete, bei der Vereinigung mit ihrem Mann nur an ihr Erschrecken über das Schwein zu denken. Doch als sie danach aus dem Bad kam, begegnete sie einem Esel. Wiederum schauderte es ihr. Mir wird dieser Esel vor Augen stehen, wenn ich mich zu meinem Mann lege, ging es ihr durch den Sinn. So kehrte sie abermals um. Nun wollte es das Schicksal, dass ihr auf dem Weg zu ihrem Haus eine Frau mit Aussatz entgegenkam. Ich darf und will mich nicht verunreinigen, dachte sie und begab sich wieder zurück zu dem Bad.

So erging es ihr vierzigmal. Da sie so tugendsam war, hatte der Himmel Erbarmen mit ihr. Als sie wieder aus dem Tauchbad kam, stellte sich ihr ein stattlicher Mann in den Weg, der einem König glich. Schon war sie im Begriff, zurückzugehen, um erneut zu baden, als der Mann sprach: »Ich bin der Engel Metatron. Der Höchste hat mich zu dir gesandt, weil er um deine guten Gedanken weiß, wenn du aus dem Bad gestiegen bist. Ich

Es zieht ein stiller Engel
durch dieses Erdenland,
zum Trost für Erdenmängel
hat ihn der Herr gesandt.

Carl J. P. Spitta

geleite dich nach Hause, damit dir nichts Böses widerfährt. Heute Nacht sollst du einen Sohn empfangen, an dem dein Mann und du eure Freude haben werdet.«

Die Frau erschrak heftig. Aber in ihrem Herzen vertraute sie den Worten des Engels und ging unverzüglich heim. Während sie in den Armen ihres Mannes lag, gingen ihr immer und immer wieder die Bilder von der wundersamen Begegnung mit dem Engel durch den Kopf. Und als die Zeit gekommen war, gebar sie einen Sohn, der den Namen Ismael erhielt. Da erschien der Engel Metatron zum zweiten Mal, wurde zum Paten des Kindes und lehrte es alles, was es auf Erden und im Himmel wissen musste. Der Knabe reifte zu einem Jüngling von ebenmäßiger Gestalt und blühender Schönheit heran. Sein Geist war so fromm und rein, dass er, sooft ihm danach verlangte, in den Himmel gehen konnte. Seine Eltern aber priesen und lobten Gott ohne Ende, weil er ihnen den Engel Metatron geschickt hatte.

Nach einer jüdischen Legende

DREI ENGEL ZU GAST

Es ging auf Mittag zu, aber mit dem Kochen hatte es noch etwas Zeit, dachte ich. Ein sonniger Tag, fast zu heiß für diese Jahreszeit. Gerade war ich dabei, Oliven zu reinigen, um sie später in Öl einzulegen, als ich seine Stimme am Zelteingang hörte: »Nimm Mehl und backe Fladenbrote! Es sind drei Fremde gekommen; sie wollen sich ein wenig ausruhen und stärken. Ich habe schon einen Knecht angewiesen, Wasser aus dem Brunnen zu holen, damit sie sich die Füße waschen können. Der Jungknecht soll das beste Kalb schlachten, das wir haben.« Der Zelteingang schlug wieder zu. Ich knetete also den Teig, formte flache Laibe davon, bestrich sie mit etwas Milch und streute Kümmel darauf. Dann schürte ich das Feuer und röstete die Brote. Da kam auch schon der Bursche mit dem Fleisch, das er eilig zubereitete. Es ist bei uns eine alte Tradition, Gäste auf diese Weise zu empfangen und zu bewirten. Ich stellte Milch und Butter bereit, holte die knusprigen Brotfladen und gab das mit Kräutern gewürzte Fleisch in eine Schüssel.

Die Männer hatten sich inzwischen im Schatten der alten Terebinthen niedergelassen. Abraham kam, holte

Gastfrei zu sein vergesset nicht; denn dadurch haben etliche ohne ihr Wissen Engel beherbergt.

Neues Testament

die duftenden Speisen und forderte die Gäste auf, sich zu stärken. Nachdem sie gegessen hatten, fragten sie, »Abraham, wo ist Sara, deine Frau?« »Dort im Zelt.« Ich erschrak, als ich meinen Namen hörte. Was wollten die Fremden von mir? Und woher wussten sie, wie ich heiße? Auf Zehenspitzen schlich ich zum Zelteingang. Eigentlich bin ich ja nicht neugierig. Aber jetzt wollte ich doch gern wissen, was es über mich zu reden gab. Und was ich dann hörte, war im wahrsten Sinne des Wortes unglaublich. Sie sagten, sie kämen in einem Jahr wieder – und dann würde ich einen Sohn haben. Da musste ich lachen. Ich, ein Kind? In meinem Alter? Früher, als wir jung gewesen waren, hatten wir uns einen reichen Kindersegen erhofft. Aber jetzt? Ich spürte seit Jahren den Wechsel des Mondes nicht mehr an meinem Leib. Und Abraham? Er hatte schon lange nicht mehr seine Decke über uns gebreitet. Wenn wir Frauen unter uns waren, sprachen wir natürlich darüber, wie ein Mann bei Kräften zu halten sei. Die einen schworen auf die Wurzeln der Alraune, die anderen auf Granatäpfel. Aber ich hatte solche Mittel nie in Betracht gezogen. Ich hatte mich in den Gang der Dinge gefügt, dass das körperliche Verlangen zueinander im Alter nachlässt. Und jetzt sollten

Abraham und ich uns wieder lieben wie in jungen Jahren? Und aus dieser Umarmung sollte ein Kind entstehen? Wie sollte das wohl geschehen?

Wer waren diese drei Männer? Sie waren in unseren Schatten gekommen, um sich auszuruhen, und nun warfen sie ihre Worte in unser Leben. Als könnte die Sonne still stehen oder der Mond in seinem Lauf anhalten. Wussten sie, welche alte Wunde sie in mir anrührten? Ich wurde wütend. Wie lange hatte ich gebraucht, um den Schmerz zu überwinden, dass ich Abraham keine Nachkommen hatte schenken können. Mond für Mond immer wieder die gleiche Enttäuschung. Und das Jahr um Jahr. Irgendwann hatte ich diesen Schmerz in mir eingekapselt. Tag für Tag war ich meinen Pflichten nachgekommen und hatte mich bemüht, Abraham trotz allem eine gute Frau zu sein. Und jetzt diese sonderbare Prophezeiung. Ihr Fremden, ein paar Jahre früher hättet ihr kommen müssen! Wieder musste ich lachen, und es war ein bitteres Lachen.

Aber sicher würde sich diese merkwürdige Vorhersage rasch als Irrtum herausstellen. Wahrscheinlich hatten

Engel, klag ich, klag ich?
Doch wie wäre denn
die Klage mein?
Ach, ich schreie, mit zwei
Hölzern schlag ich
und ich meine nicht,
gehört zu sein.

Rainer Maria Rilke

die drei Männer bei ihrer Ankunft eine unserer jungen Mägde gesehen und angenommen, sie sei Abrahams Frau. Doch da hörte ich von draußen wieder die gleichen Stimmen von eben. »Warum lacht Sara? Bei Gott ist alles möglich.« Bei diesen Worten fuhr ich zusammen. Ich zitterte am ganzen Leib. Bei Gott ist alles möglich? Hatte Gott drei seiner Engel zu uns geschickt? Hatte ich eben Brot für Engel gebacken? Mein Herz jagte, die Angst schnürte mir die Kehle zu, und ich rief schnell: »Ich habe nicht gelacht!« Aber die Stimme erwiderte: »Doch, du hast gelacht!« Da verlor ich die Fassung. Ich sank auf den Boden und weinte. Ich erinnerte mich an den Schmerz, Monat für Monat kein Kind empfangen zu haben, ich weinte über mein Leben, in dem ich nicht Mutter hatte sein dürfen. Endlich, endlich lösten sich die Tränen, die ich immer zurückgehalten hatte. Ich weiß nicht, wie lange ich da auf dem Zeltboden gehockt habe. Doch irgendwann mischte sich unter die Tränen ein Lächeln. Wenn die Engel nun doch recht hatten? Wenn Gott mir in meinem Alter meinen sehnlichsten Wunsch erfüllte? Wie gern wollte ich glauben, dass ich, wider alle menschliche Vernunft, wider alle Erfahrung und besseres Wissen doch noch guter

Hoffnung sein dürfte. Nach und nach trockneten die Tränen, und ich verlor mich in Träumereien. Und ganz tief in meinem Innersten regte sich leise eine ganz kleine, heimliche Freude.

Nach der Bibel

Wenn Engel einen Menschen beobachten, der doch das Gute ehrlich will trotz seiner Schwachheit, so kommen sie eilig, um weiterzuhelfen.

Sören Kierkegaard

DER HIRTE UND DER ENGEL ASRIEL

Lange war er draußen bei den Tieren gewesen. Mittlerweile war er hungrig geworden und dachte, dass die Zeit gekommen sei, sein Mittagsmahl einzunehmen. Der junge Schafhirte ließ sich auf einem von der Sonne erwärmten Stein nieder und holte Brot und Salz heraus. Plötzlich bemerkte er, dass sich ein Gefährte neben ihm niedergelassen hatte. »Du hast sicher auch Hunger«, sagte der Schafhirte und teilte mit ihm Brot und Salz. »Ich bin der Engel Asriel«, stellte sich der Fremde vor. »Und ob du es glaubst oder nicht: Ich bin zu dir gesandt, um dich zu töten.«

Dem jungen Schafhirten stockte der Atem. Bevor er auch nur ein Wort herausbrachte, fuhr der Engel fort: »Aber ich werde dir, ganz im Vertrauen, ein Geheimnis verraten, von dem du niemandem, auch deinen Eltern gegenüber, ein Sterbenswörtchen verraten darfst. Du bleibst so lange von dem Tod verschont, solange du nicht heiratest. Sobald du dir aber eine Frau nimmst, werde ich kommen und dich holen.« Der junge Schafhirte war tief erschrocken über das, was er gerade erlebt hatte. Als er wieder zur Besinnung gekommen war und neben sich blickte, war der Engel verschwunden.

Die Jahre vergingen. Der Schafhirte wurde älter, und mit der Zeit wurde sein Haar grau. Immer wieder einmal fielen ihm die Worte des Todesengels ein. Aber da er gar kein Verlangen danach verspürte, sich eine Frau zu suchen, beunruhigten sie ihn auch nicht weiter. Er hütete seine Schafe, freute sich über sein Mittagsbrot und war mit der Welt und sich zufrieden. Seine alten Eltern jedoch waren tief betrübt darüber, dass er nicht heiratete. Aber was hätte er ihnen sagen sollen? Wieder einmal weinte und klagte seine Mutter darüber, dass er keine Frau habe, mit der er ihr Enkelkinder schenken könne. Da erwiderte er: »Ich kann es euch weiß Gott nicht erklären, aber ich darf nicht heiraten.«

Doch seine Familie bedrängte ihn so sehr, dass er ihnen schließlich von der heimlichen Abmachung mit dem Engel des Todes erzählte. Da redeten sie alle auf ihn ein und sagten: »Was immer auch geschieht, wir halten zu dir, ja, wir würden unser Leben für dich geben.« Diese Worte machten dem Schafhirten schließlich Mut, und er suchte sich eine Frau. Aber kaum hatten die Hochzeitsfeierlichkeiten begonnen, stand auch schon der Engel im Raum und sagte: »Du hast nicht auf meine Worte gehört. Du hast deinen Eltern von unserer Abmachung erzählt und dir eine Frau genommen. Jetzt bin ich da, um dich mit mir zu nehmen.« Der Schafhirte war zutiefst erschrocken und rief seine Familie herbei, ihm beizustehen, wie sie es ihm versprochen hatte. Doch vor Schrecken und Entsetzen waren alle von ihren Stühlen aufgesprungen und hatten das Weite gesucht. »Da siehst du einmal, wie es um die Versprechen deiner Lieben bestellt ist. Am Ende laufen sie doch alle nur um ihr eigenes Leben. Keiner wird es für das eines anderen opfern. Aber du, mein Freund«, fuhr er fort, »hast mit mir Brot und Salz geteilt. Dadurch sind wir miteinander verbunden. Deshalb werde ich dich verschonen. Heute bist du fünfzig Jahre alt geworden – und ich schenke dir noch einmal fünfzig Jahre dazu.«

Mit diesen Worten entschwand der Todesengel – und ließ einen glücklichen Schafhirten mit seiner jungen Frau für eine lange gemeinsame Zukunft zurück.

Nach einer jüdischen Legende

O dass der Mensch würdig
sich erzeige seines Engels,
dessen Schwert ihn schützt,
seit die Liebe ihn gebar.

Jorge Luis Borges

DER ESEL UND DER ENGEL

Ihr wollt wissen, weshalb ich alter Esel sprechen kann? Ich kann euch sagen: Das ist eine unglaubliche Geschichte. Eines Tages hat plötzlich … aber nein, ich muss wohl etwas früher mit dem Erzählen anfangen. Vielleicht sollte ich damit beginnen, dass ich der treue Esel von einem Mann namens Bileam bin. Wir haben in all den Jahren, in denen ich bei ihm lebe, schon viel miteinander erlebt. Ihr müsst wissen, dass Bileam ein ganz besonderer Mensch ist. Er ist mit einer eigentümlichen Macht ausgestattet. Manche sagen, dass er ein Zauberer sei. Das halte ich nun wieder für etwas übertrieben. Aber es stimmt tatsächlich: Wenn er jemanden segnet, der ist auch gesegnet, und wenn er jemanden verflucht, der ist auch verflucht. Deshalb wird er von vielen als Seher bezeichnet.

Nun, eines Tages kamen zwei Boten von dem König Balak aus Moab zu Bileam. Ich fand das sehr aufregend, weil wir nicht so oft Besuch bekommen. Und da habe ich meine Ohren natürlich aufgestellt. Was konnte ein König von meinem Herrn wollen? Ich war ganz schön erschrocken, als ich hörte, worum es ging. Bileam sollte mit ihnen gehen und ein großes Volk verfluchen, das aus Ägypten kam und vor dem sich Balak fürchtete. Wenn es verflucht sei, könne er es in die Flucht schlagen, erzählten die beiden Gesandten. Anderenfalls würde es in Moab zu einem entsetzlichen Krieg und Blutbad kommen. Ich gab ein lautes »Iaa« von mir und schüttelte mich. Bileam schaute erschrocken zu mir herüber, und ich fürchtete, dass er mich jetzt in den Stall bringen würde und ich nichts mehr erlauschen könnte. Aber zum Glück wandte er sich wieder seinen Besuchern zu. Er wolle erst eine Nacht darüber schlafen und sich mit Gott beraten, teilte er den beiden mit. Am nächsten Morgen war ich schon früh wach. Ich rupfte ein bisschen Gras und war neugierig darauf, wie sich Bileam entschieden hatte. Die beiden Boten waren natürlich auch gespannt. Sie hatten Bileam übrigens eine gute Bezahlung angeboten. Aber die interessierte ihn gar nicht. Er sagte ihnen, dass Gott ihm verboten habe, mit ihnen zu gehen. Da zogen die beiden unverrichteter Dinge wieder ab. Ich denke mir, dass die daheim mit ihrem König ganz schön viel Ärger gekriegt haben, weil sie ohne Bileam zurückgekommen sind. Ich aber war erleichtert. Da musste ich heute nicht den dicken Bileam auf meinem Rücken durch die Gegend schleppen. Ihm schmeckte das Essen allzu gut, so dass er von Jahr zu Jahr zugenommen hatte. Menschen sind doch sonderbare Wesen, dachte ich. Warum können sie nicht mit einem Fuder Heu und einem Eimer Wasser zufrieden sein wie ich? Davon wurde man nämlich nicht fett und blieb gelenkig. Die nächsten Tage verliefen ruhig. Die Sonne schien, ich graste hier und da ein wenig und war mit mir und der Welt zufrieden.

Dann kamen schon wieder zwei Männer. Sie trugen Mäntel aus dunkelblauem Samt und darunter Gewänder aus hellgelber Seide. Ob die auch wieder vom König kamen? Ganz vorsichtig stapfte ich etwas näher zum Haus, damit mir auch kein Wort entging. Bileam kam und brachte den Fremden Wasser, Brot, Wein, Oliven und Käse. Sie setzten sich im Schatten des Olivenbaums auf die Bank vor dem alten Holztisch. Während sie aßen und tranken, rückten sie mit der Sprache heraus. Bileam solle sich das mit der Bitte des Königs doch noch einmal überlegen. Er würde einen ganzen Batzen Gold und Silber dafür bekommen. Ich zitterte vor Aufregung. Von so viel Gold und Silber würde Bileam sich junge Esel kaufen können. Und was würde dann mit mir passieren? Aber soweit war es ja noch nicht. Vielleicht blieben wir ja auch dieses Mal zu Hause. Die beiden vornehmen Männer waren wieder unsere Übernachtungsgäste, denn Bileam wollte erneut bei Nacht Gottes Rat einholen. Am nächsten Morgen ereignete sich die gleiche Szene wie ein paar Tage zuvor. Bileam sagte, dass Gott ihm nicht erlaube, das Volk, das aus Ägypten kam, zu verfluchen. Aber was dann geschah, habe ich bis heute nicht begriffen. Da muss Bileam wohl der Teufel geritten haben. Plötzlich sattelte er mich, setzte sich auf mich, puh – und schon ging es los. Wieso gingen wir denn jetzt doch mit den beiden Männern mit? War er angesichts des in Aussicht gestellten Lohnes letztendlich schwach geworden? Aber zum Nachdenken hatte ich nicht viel Zeit, denn plötzlich sah ich ein blendendes Licht vor mir. So etwas hatte ich in meinem ganzen Leben noch nicht erlebt. Ich musste erst ein wenig blinzeln, bis ich die Konturen eines Engels ausmachen konnte, der uns mit einem gezückten Schwert in der Hand direkt im Weg stand. Ich war zu Tode erschrocken und stapfte seitwärts in ein Feld. Und dann passierte etwas Schreckliches. Bileam schlug auf meine alte Eselshaut ein. Hatte er den Engel denn nicht gesehen? Das konnte ich mir gar nicht vorstellen. Aber schon ging es weiter. Wir waren gerade auf einem schmalen Pfad in den Weinbergen, der rechts und links von hohen Mauern begrenzt war. Und wieder stand da diese Lichtgestalt mit dem Schwert. Der bringt uns beide um, dachte ich und drückte mich ganz schnell an eine der beiden Mauern. Da hörte ich, wie Bileam aufschrie. Er hatte sich wohl ein Bein gequetscht. Im nächsten Moment spürte ich wieder die Peitsche, heftiger als das erste Mal. Aber es half alles nichts, ich musste weiterstapfen. Jetzt kamen wir an eine ganz enge Stelle, wo es kein Ausweichen gab – und ausgerechnet hier versperrte uns der Engel das dritte Mal den Durchgang. Mir blieb nichts anderes übrig, als sofort unter Bileam in die Knie zu gehen. Jetzt war Bileam außer sich vor Wut und drosch mit einem Stock derart heftig auf mich ein, dass ich nicht wusste, wie mir geschah. Verstehen konnte ich das sowieso nicht. Schließlich hatte ich uns schon dreimal das Leben gerettet. Dafür hätte ich eine ordentliche Portion Heu verdient. Und dann geschah das Wunder, von dem ich ja eigentlich erzählen wollte. Denn der Engel öffnete meinen Mund – und ich konnte sprechen wie ein Mensch. Da habe ich Bileam natürlich gefragt, weshalb er mich dreimal geschlagen hat. Bileam sagte, ich habe ihn zum Narren gehalten. Wenn er ein Schwert dabei gehabt hätte, dann hätte er mich schon umgebracht. So kannte ich meinen Herrn gar nicht. Was war bloß in ihn gefahren? Ich fragte ihn, ob ich nicht der Esel sei, den er jahrelang geritten habe, und ob er mich schon einmal so erlebt habe wie heute? Darauf bekam ich ein klares »Nein« zur Antwort. Plötzlich verneigte sich Bileam und warf sich auf sein Gesicht nieder. Da begriff ich, dass er den Engel wohl jetzt erst sehen konnte. Nun begann der Engel zu sprechen. Er fragte Bileam, warum er mich dreimal geschlagen habe. Wenigstens einer, der mich versteht, tröstete ich mich. Aber der Engel redete schon weiter. Dass er sich Bileam in den Weg gestellt habe, weil er in die Irre gehen würde. Und dass der Esel – ich stellte meine Lauscher wieder auf, denn es kam ja nicht jeden Tag vor, dass ein Engel über einen Esel spricht – also dass ich ihn gesehen hätte. Sonst hätte er ihn, Bileam, schon erschlagen. Bileam war wirklich bestürzt. Er gab zu, dass er einen riesigen Fehler gemacht hatte und versprach dem Engel, umzukehren und nach Hause zurückzureiten. Doch das wollte der Engel nun auch wieder nicht. Wir sollten unseren Weg fortsetzen. Aber er nahm Bileam das Versprechen ab, nur das zu tun, was er ihm auftragen würde. Das gelobte Bileam ihm feierlich. Und so ging es jetzt doch ab nach Moab. Dort bekam ich erst einmal Wasser und ein Fuder Heu. Dann habe ich tief und fest geschlafen, um mich von den Strapazen zu erholen. Wie die Geschichte mit Bileam weitergegangen ist? Das weiß ich nicht, denn ich bin ja nicht mehr dabei gewesen. Aber ich wollte euch ja sowieso nur erzählen, weshalb ich alter Esel sprechen kann.

Nach der Bibel

Wer einen Engel zum Freund hat, braucht die ganze Welt nicht mehr zu fürchten.

Martin Luther

EIN ENGEL AUF BRAUTSCHAU

Mein Vater Tobit ist ein frommer Mann gewesen. Er hat regelmäßig gebetet und die Gebote unseres Gottes strikt befolgt: Hungrigen har er zu essen gegeben und Armen Kleidung. Die Toten unseres Stammes hat er heimlich nach unseren Ritualen bestattet, obgleich das in Assyrien, wohin wir nach der Niederlage Israels verschleppt worden waren, strikt verboten war. Irgendjemand hat ihn deswegen beim König angeschwärzt. Er musste seinen gesamten Besitz zurücklassen und fliehen. Doch als der tyrannische König umgebracht worden war und sein Sohn den Thron bestiegen hatte, durfte mein Vater zu uns zurückkehren. Ihm zu Ehren wurde ein großes Fest veranstaltet. Doch bevor er sich bei den herrlichen Speisen bediente, wurde ihm zugetragen, dass wieder ein Toter in den Straßen liege. Er aß und trank nicht, sondern brach bei Anbruch der Dunkelheit heimlich auf, um seinen Stammesbruder zu beerdigen. Dabei war ihm durch eine Ungeschicklichkeit Kot von Sperlingen in die Augen gefallen und er wurde blind. Kein Arzt konnte ihm helfen. Immer wieder betete er. Doch irgendwann wünschte er sich in tiefster Verzweiflung nur noch den Tod.

Eines Abends nahm mein Vater mich zur Seite: »Tobias«, sagte er, »halte dich immer an Gottes Gebote! Und heirate nur eine Frau aus dem Stamm unserer Väter.« Dann senkte er die Stimme. »Jetzt will ich dir noch etwas anvertrauen. Ich habe seinerzeit zehn Talente Silber von unserem Vermögen in Sicherheit gebracht. Einem guten Freund, dem Gabael in der Stadt Rages, habe ich sie vor zwanzig Jahren zur Aufbewahrung gegeben. Mach du dich nun auf den Weg und hole sie zurück.« »Aber wie soll er mir glauben, dass ich dein Sohn bin? Er kennt mich nicht, und ich kenne ihn nicht?« Da reichte mir mein Vater ein beschriebenes Pergament, das ich allerdings nicht lesen konnte, weil es am Rand abgerissen war. »Das andere Stück hat Gabael«, sagte mein Vater. »Nur wenn er deinen Teil des Pergaments an seinen fügt, wird die Schrift zu lesen sein. Das wird dich vor ihm ausweisen.« Noch einmal wagte ich, gegen den Auftrag meines Vaters zu sprechen: »Ich kenne den Weg in diese Stadt nicht, wie soll ich ihn finden?« »Keine Sorge«, meinte mein Vater, »geh auf den Markt und suche dir einen Reisebegleiter!«

Ich ging also auf den Markt, vertrieb mir einige Zeit bei den einzelnen Ständen und beobachtete die Händler. Schließlich fiel mir unter den Arbeitssuchenden ein Fremder auf, der weit herumgekommen schien. Ich ging auf ihn zu und fragte ihn, wer er sei, ob er sich in der Gegend von Rages in Medien auskenne und mich auf einer Reise dorthin begleiten könne. Ich brachte Asarja – so stellte er sich vor – zu meinem Vater, der von ihm sehr angetan war und ihm guten Lohn versprach. Dann brachen wir auf. Als wir an einen See kamen, verspürte ich große Lust zu baden. Da schoss plötzlich ein riesiger Fisch aus dem Wasser empor, der mich verschlingen wollte. Ich bekam einen heftigen Schrecken, als ich Asarja rufen hörte: »Pack ihn!« Mit beiden Händen ergriff ich den Fisch und schleuderte ihn an Land. Asarja sagte, ich solle ihn aufschneiden und Herz, Leber und Galle herausnehmen und aufheben. Ich fand das etwas sonderbar, tat aber, immer noch benommen und zitternd vor Angst, wie mir mein Gefährte geboten hatte. »Herz, Leber und Galle dieses Fisches sind eine nützliche Arznei«, verriet er mir. Später brieten wir den Fisch und aßen ihn. Am nächsten Morgen machten wir uns schon in aller Frühe auf den Weg. Gegen Abend gelangten wir zum Anwesen eines Mannes mit Namen Raguel. »Hier werden wir übernachten«, erklärte Asarja. »Raguel ist ein wohlhabender Verwandter von dir – und er hat eine wunderschöne Tochter, sein einziges Kind. Sie heißt Sara. Dir steht die Ehe mit ihr rechtlich zu – und damit auch das stattliche Erbe. Ich will mit ihm reden, damit er sie dir zur Frau gibt.« Ich bekam furchtbare Angst. »Asarja, es ist ein offenes Geheimnis, dass dieses Mädchen schon sieben Männern zur Frau gegeben wurde, die man alle am nächsten Morgen tot aufgefunden hat. Es gehen Gerüchte, sie sei von einem bösen Dämon befallen und habe sie ermordet. Angeblich soll sie viel gebetet haben, um von ihrem Leiden befreit zu werden, aber sie ist in all den Jahren offenbar nicht erhört worden. Ich habe Angst um mein Leben.« Verzweifelt suchte ich nach Ausflüchten. »Meine Eltern werden vor Kummer sterben, wenn ich tot bin. Ich bin ihr einzige Sohn. Wer soll sie denn begraben, wenn ich nicht mehr bin?«

Ich muss sehr kläglich dreingeschaut haben, als Asarja mit ruhiger Stimme fortfuhr: »Es ist doch der Wille deines Vaters, dass du eine Frau aus dem gleichen Stamm heiratest. Ich werde alles so einrichten, dass Sara noch heute deine Frau wird. Und mach dir keine Sorgen wegen des Dämons. Sobald du ihr Brautgemach betrittst, legst du Herz und Leber des Fisches auf etwas Glut. Wenn sie verbrennen, wird der Dämon flüchten.« Schließlich erreichten wir das Haus von Raguel. Sara kam uns schon entgegengelaufen. Sie war wirklich bezaubernd. Konnte so ein reizendes Mädchen mit dem Fluch eines Dämons gestraft sein? Als ihre Eltern mich ansahen, meinten sie, dass ich einem Vetter namens Tobit wie aus dem Gesicht geschnitten sei. »Ich bin sein Sohn«, sagte ich. Da nahmen sie mich herzlich in die Arme. Sie erkundigten sich auch nach dem Ergehen meines Vaters. Als ich ihnen erzählte, dass er erblindet sei, weinten sie. Auch Sara weinte.

Schließlich trug Asarja vor, dass Sara und ich heiraten sollten. Raguel war ein ehrlicher Mann und erzählte von den sieben Bewerbern um seine Tochter und was mit ihnen geschehen war. Er hatte Angst, dass mich dasselbe Schicksal treffen würde. Jetzt aber bestand ich auf der Hochzeit, und so dauerte es nicht lange, bis der Ehevertrag unterzeichnet war. Nach dem Essen nahm ich etwas von der Glut aus dem Ofen, dazu Herz und Leber des Fisches und tat, wie Asarja es mir aufgetragen hatte. Als ich Saras Kammer betrat, überfiel mich doch große Angst. Aber es geschah so, wie Asarja vorausgesagt hatte. Sobald der Dämon den üblen Geruch wahrnahm, flüchtete er bis ans Ende der Welt. Nun konnten wir beide aufatmen. Aus Dankbarkeit über dieses Wunder beteten wir zusammen und versprachen uns gegenseitig Liebe und Treue; dann begann unsere Hochzeitsnacht.

Am nächsten Morgen stand Raguel früh auf, ging in den Garten und schaufelte ein Grab. Er glaubte fest, dass auch ich der Gewalt des Dämons zum Opfer gefallen war, und schickte eine seiner Mägde in unser Schlafgemach. Was war das aber für eine Freude, als sie in die Küche herunterkam und erzählte, dass ich gesund und munter sei. Mein Grab wurde natürlich sofort wieder zugeschüttet. Nach einem herzlichen Dankgebet für die Güte Gottes und die seiner Engel wurde für Sara und mich ein vierzehntägiges Hochzeitsfest vorbereitet, das nichts zu wünschen übrig ließ. Trompeten, Harfen und Posaunen spielten zum Tanz auf. Die besten Köche der Gegend bereiteten die edelsten Speisen zu. Gebratene Lämmer gab es und Widder; an einem Spieß wurde sogar ein ganzer Stier gedreht. Im Schatten der Olivenbäume standen Krüge, angefüllt mit den besten Weinen. Doch nach einigen Tagen bekam ich ein schlechtes Gewissen, denn eigentlich hatte ich ja für meinen Vater einen ganz anderen Auftrag erfüllen und danach schnell wieder nach Hause kommen sollen.

Mittlerweile hatte ich ein so grenzenloses Vertrauen in Asarja, dass ich ihm den Schuldschein, das zerrissene Pergament, übergab und ihn bat, den früheren Freund meines Vaters, Gabael, zu besuchen und ihn zur Hochzeit zu bitten. Schon am nächsten Tag kamen beide zum Haus meiner Schwiegereltern. Auf Kamelen führten sie die versiegelten Säcke mit Silber mit sich. Trotz des wunderschönen Festes wurde ich von Tag zu Tag unruhiger. Ich dachte, dass meine Eltern sich allmählich Sorgen machen würden, weil ich so lange wegblieb. Deshalb bat ich Raguel inständig, vor Ablauf der Hochzeitsfeierlichkeiten nach Hause zurückkehren zu dürfen. Schließlich hatte Raguel ein Einsehen mit mir. Er reichte mir die Hälfte seines Vermögens, Sklaven, Vieh, Silber und Gold. Dann entließ er Sara und mich mit guten Wünschen für unsere gemeinsame Zukunft und segnete uns.

Kurz bevor wir wieder meinen Heimatort erreichten, sagte Asarja. »Komm, wir gehen deiner Frau voraus, damit deine Eltern ihren Empfang vorbereiten können. Als wir deinen Vater verlassen hatten, war er blind. Deshalb vergiss die Galle des Fisches nicht, die wir noch im Gepäck haben. Streich sie ihm auf die Augen. Sie wird den Schleier, der auf seinen Augen liegt, verbrennen, und dann wird er wieder sehen können.« Meine Mutter war die Erste, die mir entgegengelaufen kam und mich in die Arme schloss. Dann eilte ich zu meinem Vater. Ich strich ihm die Galle des Fisches auf die Augen. Er verrieb sie und weinte vor Glück, dass er mich nun wieder sehen konnte. Dann dankte er Gott inständig für sein Erbarmen. Nun war es an meiner Familie, auch ihrerseits für Sara und mich ein Hochzeitsfest auszurichten, und sie ließen es an nichts fehlen. Am Ende der siebentägigen Feierlichkeiten rief mein Vater mich zu sich. »Du musst deinen Reisebegleiter reichlich entlohnen. Gib ihm mehr, als wir mit ihm ausgemacht hatten!« »Natürlich soll er die Hälfte von dem bekommen, was ich mitgebracht habe. Schließlich hat er mich gesund zu dir zurückgebracht, und er hat meine Frau und dich geheilt.« Dann rief mein Vater Asarja zu sich und sagte: »Nimm die Hälfte von allem, was ihr mitgebracht habt.« Mein treuer Reisebegleiter aber nahm meinen Vater und mich zur Seite und sprach: »Das Geheimnis eines Königs für sich zu behalten ist weise. Aber Gottes Werke zu offenbaren übertrifft solche Weisheit. Ich bin Rafael, einer der sieben Engel Gottes, die die Gebete der Menschen zu Gott emportragen. Der Himmel hat euren Glauben gesehen, eure Bitten erhört und mich zu euch gesandt. Friede sei mit euch.« Und von einem Augenblick auf den anderen entzog er sich unseren Blicken.

Meine Familie und ich lebten nunmehr in dem Frieden, den uns der Engel zugesprochen hatte. Sara und ich bekamen gesunde Kinder, an denen auch meine Eltern noch viele Jahre ihre Freude hatten. Ja, und das letzte Wort Rafaels habe ich natürlich beherzigt. Sein letztes Wort an mich lautete: »Schreib alles auf, was geschehen ist!«

Nach der Bibel

Die Musik ist die
Sprache der Engel.

Thomas Carlyle

DER GESANG DER ENGEL

Das Klima war rau. Der ganze Boden war von Sand und scharfkantigen Steinen übersät, an denen man sich die bloßen Füße gefährlich aufreißen konnte. Hier und da wuchs ein Hälmchen hartes Gras. Nirgendwo ein Baum oder ein Strauch, in dessen Schatten man am Tag vor der stechenden Sonne hätte Schutz finden, keine Höhle, in der man sich vor der empfindlichen Kälte der Nacht hätte bergen können. Bisweilen wehte ein stürmischer Wind über das Land, der eine Staubwolke aufwirbelte. Dann fiel das Atmen besonders schwer. Man konnte sich in solchen Augenblicken nur bäuchlings auf den Boden legen und warten, bis der Sturm vorüber war. Von den Stechmücken und wilden Tieren ganz zu schweigen. Nur selten verirrte sich ein Mensch in diese trostlose Gegend.

Ausgerechnet eine Frau hatte dieses unwirtliche Gebiet zu ihrem Lebensraum erwählt. Dreißig Jahre soll sie dort, so erzählte man sich, verbracht haben. Niemand hatte eine Ahnung davon, wer sie war und was sie dazu bewegt hatte, sich in dieser schroffen Gegend niederzulassen. Allein die Engel im Himmel wussten, dass diese

Frau Maria Magdalena war, über die seinerzeit in Israel zahlreiche Geschichten von Mund zu Mund gegangen waren. Hartnäckig hatte sich, vor allem unter Männern, das Gerücht gehalten, dass sie eine Hure gewesen sei. Sie soll das Haus eines Schriftgelehrten aufgesucht haben, in dem Jesus zu Gast gewesen war, und ihm die Füße mit kostbarem Öl gesalbt und mit ihren Haaren getrocknet haben. Die Frauen hingegen hatten sie bewundert, weil sie Jesus so bedingungslos nachgefolgt war und ihn auch am Kreuz nicht im Stich gelassen hatte. Am darauffolgenden Sonntag war sie sogar mit Öl zu seiner Grabstätte gegangen, um seinen Leichnam zu salben.

Diese Treue war dem Himmel natürlich nicht verborgen geblieben. Die Engel wollten sie noch auf Erden dafür belohnen. Und so geschah es, dass sie zu den sieben Gebetsstunden jeden Tages auf die Erde herniederfuhren und Maria Magdalena auf ihren Flügeln sacht in den Himmel emporhoben. Dort stimmten sie den Gesang des Paradieses an, den Maria Magdalena mit ihren leiblichen Ohren hörte und der sie mit einer unvorstellbaren Seligkeit erfüllte. Nach diesen Augenblicken des

Glücks trugen die Engel sie voller Zartheit auf die Erde zurück, wo sie noch durch und durch von den himmlischen Klängen durchdrungen war. Und wenn jemand sie gefragt hätte, wovon sie sich denn in all den Jahren genährt habe, dann würde sie ganz sicher geantwortet haben: »Von dem Gesang der Engel.«

Nach der Goldenen Legende

Und meine Seele spannte
weit ihre Flügel aus,
flog durch die stillen Lande,
als flöge sie nach Haus.

Joseph von Eichendorff

DIE BLUME DES ENGELS

Zu jedem Kind, das gestorben ist, kommt ein Engel Gottes. Er birgt das Kind in seinen Armen und pflückt dann noch eine Handvoll Blumen, damit sie im Himmel noch schöner blühen können als auf Erden. Dann spannt er seine mächtigen weißen Flügel aus und schwingt sich zum Himmel empor. Gott drückt all die Blumen, die der Engel zum Himmel trug, an sein Herz. Die aber, die ihm die kostbarste ist, küsst er. Dadurch bekommt sie eine Stimme und darf Gott mitsamt allen himmlischen Chören loben und preisen.

Das alles flüsterte der Engel dem toten Kind ins Ohr, das er auf seinen Händen davontrug. Sie flogen über Straßen und Plätze, wo das Kind einst gespielt hatte, dann schwebten sie über die schönsten Gärten hinweg, und der Engel fragte das Kind, welche Blumen es mit in den Himmel nehmen wolle. »Den Rosenstock dort«, sagte das Kind. »Sein Stamm ist gebrochen und seine Knospen und Blüten sehen so traurig aus. Sie lassen die Köpfe hängen, als würden sie weinen. Bei Gott wird er bestimmt wieder fröhlich werden und neu aufblühen.« Der Engel nickte, drückte das Kind zärtlich an sich und küsste es mitten ins Herz. Da öffneten sich seine Augen zur Hälfte. Dann pflückten sie noch viele weitere prächtige Blumen. Lilien waren darunter, Margeriten und Sonnenblumen. Aber das Kind bat darum, auch einige von den kleinen, oft unbeachteten Gänseblümchen, Butterblumen und Stiefmütterchen mitzunehmen.

»Fliegen wir jetzt direkt in den Himmel?«, fragte das Kind, denn es war neugierig darauf geworden, wie herrlich dort alle Blumen duften würden und wie wunderbar der Gesang der Engel sein müsse. »Noch nicht«, erwiderte der Engel. »Ich möchte dir zuvor noch etwas anderes zeigen.« Inzwischen war es Nacht geworden. Nur der Mond und die Sterne leuchteten ihnen mit ihrem stillen Glanz. Lautlos flog der Engel mit dem Kind zu einer Stadt in eine enge, dunkle Gasse hinein. Schmutzig sah es aus dort und schrecklich düster. Offenbar waren Menschen gerade aus ihrer Wohnung ausgezogen. Allerlei Gerümpel lag auf dem Pflaster herum, ein kaputter Stuhl, zerbrochenes Geschirr, alte Lampen, Holzlatten und ein paar Lumpen. Mitten in diesen trostlosen Resten fand sich, umgeben von den Scherben eines zerbrochenen Tontopfes, eine verdorrte Feldblume, an deren Wurzeln noch ein paar Krumen Erde hingen. Der Engel griff nach dem trockenen Pflänzlein, hob es sorgsam, ja geradezu liebevoll auf und sagte: »Das nehmen wir mit. Auf dem Flug zum Himmel werde ich dir darüber etwas erzählen.«

Als sie sich in die Lüfte erhoben hatten, begann er: »In diesem dunklen Keller hauste einmal ein kleiner Junge. Er war von Geburt an gelähmt. Tagaus, tagein, Jahr um Jahr war er weitgehend ans Bett gefesselt. Nur an manchen Tagen hatte er die Kraft, an seinen Krücken ein paar Mal in dem engen Zimmer hin und herzulaufen. Dieser finstere Kellerraum hatte lediglich ganz oben ein winziges Fenster, durch das im Sommer täglich gerade einmal eine halbe Stunde lang ein paar Sonnenstrahlen fielen. Ansonsten hockte das Kind in vollkommener Dunkelheit. Oft jammerte und weinte es leise vor sich hin. Aber niemand kam, um es in die Arme zu schließen und zu trösten. Im Frühling hatte ihm ein Nachbarjunge einmal aus dem Wald einen ersten Buchenzweig mitgebracht. Der Knabe hob diesen Zweig über sich und träumte, er sei in einem Buchenwald, die Sonne würde durch die Blätter scheinen und die Vögel

Preis euch, heilige Engel,
die ihr die Seelen der
Heiligen traget empor.
Ihr schauet den Herzschlag
des Alten: Denn wie von
Auge zu Auge sehet wehen
ihr aus dem Herzen des
Vaters die innere Kraft.

Hildegard von Bingen

würden allein für ihn ein Konzert anstimmen. Es ging schon auf den Sommer zu, da brachte ihm der Nachbarjunge ein paar Feldblumen mit. Das Glück– man kann es nicht anders bezeichnen – lag darin, dass eines dieser Pflänzlein noch ein paar kleine Wurzeln hatte. »Bringt mir ein Töpfchen und etwas Erde!« bat der Junge. Liebevoll pflanzte er die Blume ein und hegte und pflegte sie sorgsam. Jeden Tag begoss er sie und stellte sie auf die Fensterbank, damit sie in den spärlichen Sonnenstrahlen sommerlicher Tage gedeihen konnte. Und in der Tat: Die Pflanze erwies sich als dankbar für die liebevolle Pflege und blühte Jahr für Jahr, so schön sie nur konnte. Diese Blume wurde zu seinem heimlichen Schatz, ja, zu seinem Lebensinhalt, war sie doch die einzige Verbindung zu einer Welt, die er mit eigenen Augen nie hatte schauen dürfen.« Der Engel schwieg für eine Weile.

»Und was geschah dann?«, frage das Kind, inzwischen neugierig geworden. »Dann ist der Junge gestorben.« »Und die Blume?« »Niemand hatte begriffen, wie wichtig diese unscheinbar wirkende Pflanze für den Jungen gewesen war, seine einzige Freude. Und jetzt lag sie mitten im Müll. Sie haben sie seit einem Jahr einfach vertrocknen lassen. Aber das hast du ja gesehen«, setzte der Engel nach einer kurzen Pause seufzend hinzu. »Wir nehmen diese Feldblume mit, weil sie dem Jungen in all seiner Not ein Fenster zum Himmel geöffnet hat. Sie ist kostbarer als alle noch so edlen Pflanzen, die auf der Erde gedeihen. Sie ist ein Segen.« »Und woher weißt du das alles?«, fragte das Kind zurück. »Weil ich selbst der kleine Junge war, der in diesem Kellerloch gehaust hat.«

Das Kind schwieg. Es war über der Erzählung von dem schwerkranken kleinen Jungen ganz traurig geworden. Als der Engel die Tränen auf den Wangen des Knaben sah, wischte er sie behutsam ab und sagte lächelnd: »Schau mich an! Bei Gott und in der Gemeinschaft mit allen anderen Engel bin ich gut aufgehoben. Ich bin sehr glücklich. Und auch du wirst dort für alle Ewigkeit ein Zuhause finden und jeden Tag fröhlich sein«, tröstete er das traurige Kind. Da sah es in das strahlende Antlitz des Engels, das reine Liebe ausströmte, und vertraute ihm. Mit einem Mal waren sie im Himmel. Das Kind erschrak fast über den Glanz und die Herrlichkeit, die es plötzlich umgab. Überall blühten und dufteten die herrlichsten Blumen und aus allen Ecken und Enden erschallten so liebliche Gesänge, wie es sie in seinem kurzen Leben auf der Erde nie gehört hatte. Gott selbst nahm das Kind in seine Arme und drückte es fest an sein Herz, so dass ihm mit einem Mal mächtige weiße Flügel wuchsen, geradeso wie dem Engel, der es bisher begleitet und Gott ans Herz gelegt hatte. Zugleich aber nahm Gott auch die kleine, vertrocknete Feldblume in seine segnenden Hände, zog sie an sich und küsste sie. Und sie erwachte zu neuem Leben.

Nach Hans Christian Andersen

Aus den Gruben,
hier am Graben
hör ich des Propheten Sang.
Engel schweben, ihn zu laben,
wäre da dem Guten bang?

Johann Wolfgang von Goethe

DER ENGEL IN DER LÖWENGRUBE

Meine Schritte sind langsam geworden, und meine Augen strengt es immer öfter an, in den Schriften zu lesen. Ich habe viele Tage gesehen, sehr viele. Und einen davon werde ich bis zu meinem Tod nicht vergessen. Groß geworden bin ich in Juda. Meine Eltern waren vornehme Leute; es mangelte uns an nichts. Bis Nebukadnezar, der König von Persien, eines Tages Jerusalem belagerte und zahlreiche Bewohner nach Babylon verschleppen ließ. Ich hatte schreckliche Angst vor dem, was dort auf uns zukommen könnte. Aber meine Befürchtungen waren ohne Grund, im Gegenteil: Zu meinem großen Erstaunen hatte der König drei meiner Freunde und mich an den Hof gerufen. Dort ließ er uns drei Jahre lang eine gute Ausbildung zukommen, bis er uns anschließend in seinen Dienst nahm.

Am Königshof wurden, wie im ganzen Land, Götter verehrt, die uns fremd waren. Aber man ließ uns den Glauben an den einen Gott, der die Stämme unseres Volkes aus der Knechtschaft in Ägypten befreit hatte, und hatte uns gewährt, ihn anzubeten. Im Laufe der

Jahre konnte ich es am Hof zu Ehren und Ansehen bringen. Ich war stolz darauf, vom König immer wieder um Rat gefragt zu werden. An dieser Vertrauensstellung hatte sich auch unter der Herrschaft seines Sohnes Belsazar nichts geändert. Inzwischen war Darius König geworden. Auch er hielt viel von mir und verlieh mir eine angesehene Stellung. Ich war darüber sehr glücklich und übte mein Amt freudig und gewissenhaft aus. Immer wieder einmal nahm ich wahr, dass einige mir bei Hofe die Hochachtung, die ich genoss, missgönnten. Doch daraus machte ich mir nicht viel. Eines Tages kam der König zu mir: »Daniel, du bist der klügste Kopf hier am Hofe. Ich weiß, dass ich mich in allen Dingen auf dich verlassen kann. Du genießt mein vollstes Vertrauen. Deshalb möchte ich dich zum höchsten Beamten des ganzen Reiches machen.« Ich war tief bewegt und freute mich von ganzem Herzen über diese hohe Auszeichnung.

Doch es blieb mir natürlich nicht verborgen, dass sich hinter meinem Rücken eine Verschwörung zusammenbraute. Die anderen Beamten, Statthalter, Präfekten und Räte konnten solch eine Sonderstellung nicht ertragen.

Immer wieder hatten sie versucht, mich bei Darius in Misskredit zu bringen. Einmal, so kam mir zu Ohren, hatten sie ihm vorgetragen, ich sei in meiner Amtsführung nachlässig gewesen, ein anderes Mal, ich habe mich bestechen lassen. All diese Vorwürfe waren natürlich völlig aus der Luft gegriffen – und das wussten sie auch. Für kurze Zeit trat Ruhe ein. Ich dachte tatsächlich, die Intrigen hätten ein Ende gefunden. Doch da holten meine Widersacher zu einem Schlag aus, der mich unversehens in tödliche Gefahr brachte. Sie waren, wie ich unter der Hand erfahren hatte, zum König gegangen und hatten ihn mit den unterwürfigsten Worten umschmeichelt. Er sei doch der höchste und größte König, nur ihn allein sollten alle Bewohner des Landes verehren. Deshalb möge er doch ein Dekret erlassen, wonach jeder, der innerhalb der nächsten dreißig Tage an irgendeinen Gott oder Menschen außer an ihn, den König selbst, eine Bitte richten würde, den Löwen vorgeworfen werden sollte.

Was für eine geschickte List, um mich aus dem Weg zu räumen! Meine Gegner wussten, dass ich jeden Tag zu dem Gott Israels betete. Hatten sie mir bei meiner

Amtsführung nichts anhaben können, so konnten sie mich mit diesem Verbot vernichten. Bis heute habe ich nicht verstanden, warum der König, den ich nicht nur als liebenswürdigen, sondern auch als klugen Mann schätzte und der mir mittlerweile zum Freund geworden war, diese Heimtücke nicht durchschaute. Wovor hatte er Angst? Vielleicht fürchtete er, dass sein eigener Hofstaat ihm nach dem Leben trachtete? Jedenfalls setzte er seinen Namen unter das bereits vorgefertigte Dekret.

Irgendjemand trug mir zu, dass das Gebot unterschrieben sei. Ich war zutiefst erschrocken. War das Ende meines Lebens jetzt besiegelt? Ich wollte mir nicht vorstellen, wie sich die Löwen brüllend auf mich stürzten. Es waren nur ein paar Schritte bis zu meinem Haus. Ich stieg die Treppe hinauf zum Obergemach. Dort waren die Fenster nach Jerusalem hin weit offen. In meiner Angst und Verzweiflung sank ich auf die Knie, rief meinen Gott an und betete und flehte um Gnade. Plötzlich hörte ich die Treppenstufen knarren. Da standen sie auch schon hinter mir, die Wortführer, die mich bei dem König in Verruf gebracht hatten. Als sie mich beim

Beten angetroffen hatten, waren sie natürlich sofort zum König geeilt, um ihn an sein Verbot zu erinnern. Wie Darius da wohl zumute gewesen sein muss? Ich war sein bester Mann, sein Vertrauter, sein Freund. Aber schon kamen kräftige Burschen, packten mich und warfen mich zu den Löwen in die Grube. Ich starb fast vor Angst.

Niemals in meinem Leben werde ich diesen Augenblick vergessen. Doch im gleichen Moment hatte ich das Gefühl, als würde ein heller Blitz in die Grube fahren. Ich zuckte zusammen. War das ein Zeichen vom Himmel, oder hatte ich inzwischen den Verstand verloren? Ich sah, dass Darius oben am Rand der Grube stand. Es war das erste Mal, dass ich ihn weinen sah. Er rief mir zu: »Daniel, der Gott, dem du so treu dienst, wird dich erretten!« Einige Männer hatten noch einen großen Stein über die Grube gewuchtet, damit ich auf keinen Fall entfliehen konnte. Da hockte ich mitten in der Hölle zwischen den gefräßigen Tieren und harrte auf mein Ende. Ich wagte kaum zu atmen und mich zu rühren. Die Löwen mussten mich doch längst gewittert haben. Mir war übel vor Furcht, Schweiß lief über mein Gesicht – aber es geschah nichts. Angst kroch mir durch die Gelenke. In manchen Augenblicken hatte ich das Gefühl, mir würde das Herz stehen bleiben. Ich betete zum Gott meiner Väter. Mir fiel der Blitz vom Himmel ein, den ich vor dem Sturz in die Grube wahrgenommen hatte. Und plötzlich wusste ich: Es war keine Wahnvorstellung gewesen. Ein Engel war vom Himmel gestiegen und hatte den Löwen den Rachen verschlossen, um mein Leben zu retten. Nach einer endlos anmutenden Zeit in völliger Finsternis ahnte ich neben dem Stein über mir einen leichten Lichtschimmer. Es war Morgen geworden. »Großer Gott, welchen Beistand hast du mir in diesen dunklen Stunden meiner Verzweiflung und Todesangst erwiesen«, so betete ich inbrünstig. Plötzlich vernahm ich die zaghafte Stimme von Darius: »Daniel, du Diener des lebendigen Gottes! Hat dein Gott, dem du so treulich dienst, dich vor den Löwen retten können?« Ich weiß nicht, ob er das wirklich geglaubt oder ob ihn nur sein schlechtes Gewissen zu dieser Hoffnung getrieben hatte. Mit müder, gequälter Stimme rief ich angestrengt zurück, dass ich unverletzt sei und der König ewig leben möge. Und ich fügte hinzu, dass mich ein Engel beschützt habe, weil ich mich weder gegen

Gott noch gegen den König versündigt hatte. Es dauerte nicht lange, bis Männer kamen, um mich aus der Grube heraufzuholen. Ich spürte, wie erleichtert der König darüber war, dass ich diesen grauenhaften Abgrund unversehrt überstanden und überlebt hatte. Ich war so erschöpft, dass ich heute nicht mehr sagen kann, welche Gefühle in mir durcheinanderwirbelten, als der König all die Männer zusammenrief, die mich so hinterhältig verklagt hatten und sie mitsamt ihren Frauen und Kindern in die Grube werfen ließ, der ich gerade mit heiler Haut entronnen war.

Ich habe noch viele Tage gesehen. Den Tag, an dem der König an alle Völker, Nationen und Sprachen auf der Erde ein Schreiben sandte, nach dem sie den Gott meines Volkes fürchten und lieben sollten, weil er Wunder tut und vor allem Unheil zu retten vermag. Und ich habe auch den Tag gesehen, als die Herrschaft von Darius an seinen Nachfolger Kyros überging. In all den Jahren konnte ich den einen Tag nicht vergessen, an dem ich vor den Löwen stand und überlebt habe. Weil ein Engel vom Himmel gekommen war.

Nach der Bibel

Und morgendlich der Engel
Lächeln glänzt am Tor,
die ich seit je geliebt und
unterwegs verlor.

John Henry Newman

DER ENGEL IM KERKER

Ein Held bin ich nie gewesen. Voller Scham erinnere ich mich an die Nacht, als sie meinen Meister abführten. Felsenfest hatte ich damals behauptet, dass keiner mich von ihm trennen könnte, und sobald die Soldaten ihn in Gewahrsam hatten, konnte ich nur noch sagen: »Ich kenne den Mann nicht.« Als die Nacht seiner Verhaftung zu Ende war und der Hahn zum Morgen krähte, war ich zum Verräter geworden. Er schien es gewusst zu haben, doch er hat mich nicht aufgegeben: »Wenn du wieder zu dir gekommen bist, stärke die anderen.« Das ist meine Aufgabe geworden.

Und in der Tat: Mehr und mehr Menschen schlossen sich uns an und teilten miteinander, was sie besaßen. In der Kraft des Meisters war es mir und den anderen gelungen, Menschen von ihren Leiden zu befreien. Das hatte sich natürlich schnell herumgesprochen, so dass Kranke und Gebrechliche aus allen Ecken und Enden des Landes herbeigebracht wurden und auf Heilung hofften. Kein Wunder, dass wir bei den Priestern und dem Tempeladel in Ungnade gefallen waren. Sie neideten uns unser hohes Ansehen in der Bevölkerung. Vielleicht hatten sie auch Angst davor, dass sich uns immer mehr anschließen und das Wort des Meisters annehmen würden, und fürchteten, ihren Einfluss auf die Herzen der Menschen zu verlieren.

Wieder einmal hatten wir den ganzen Tag über zu den Menschen gesprochen, da kamen mit einem Mal Soldaten, banden uns mit Stricken und führten uns in einen finsteren Kerker. Die schweren Riegel fielen ins Schloss, und wir waren gefangen. Da hockten wir in diesem engen Loch, hungrig und frierend. Die Kälte des Bodens kroch durch meinen wollenen Umhang hindurch bis in die Gelenke. Wir hatten eine Weile versucht, uns leise miteinander zu unterhalten, aber dann war ein Kerkerwärter gekommen, der uns jedes Gespräch unter Androhung härterer Strafmaßnahmen untersagte. Aus Angst schwiegen wir – doch trotz dieser widrigen Umstände müssen wir alle irgendwann eingenickt sein. Plötzlich fuhr ich erschrocken hoch. Ein Licht blendete mich. War einer der Soldaten mit einer Laterne gekommen, um mich zu holen? Aber als ich die Augen öffnete, konnte ich keinen Soldaten erkennen; keine Schritte waren auszumachen. Die anderen schliefen fest, aber ich fand keine Ruhe mehr. Irgendetwas ging vor sich. Plötzlich vernahm ich eine Stimme. Sie befahl uns, sofort aufzustehen und den Kerker zu verlassen. Ich muss zugeben, dass ich vor Angst zitterte. Von wem kam diese Stimme? Hatte der Wärter gerufen, um uns alle in den Tod zu führen?

Mitten in meinen Schrecken hinein vernahm ich noch einmal dieselbe Stimme wie zuvor: »Nun steht endlich auf und kommt!« Nein, diese Stimme konnte nicht von einem Kerkersoldaten kommen, sie war zart und weich. Doch ich begriff immer noch nichts. Wer hatte sich da mitten in der Nacht Zugang zu uns verschafft? Ich weckte die anderen, doch sie fuhren mich verärgert an, weil sie froh gewesen waren, auf dem kalten Boden doch noch eingeschlafen zu sein. Sie dachten gar nicht daran, aufzustehen. Plötzlich war der ganze Raum von Licht erfüllt. »Ich bin gekommen, euch zu befreien.« Jetzt hörten auch die anderen diese seltsame Stimme. Und zu unserem Erstaunen sahen wir, dass die Schlösser und Riegel der Kerkertür durchbrochen waren. Mit einem Mal waren auch die anderen hellwach. »Nichts wie raus hier!« Wir waren der festen Überzeugung, dass uns ein Engel den Weg in die Freiheit eröffnet hatte, und stürmten nach draußen. Schon am nächsten Morgen standen wir wieder vor dem Tempel und sprachen von der Botschaft unseres Meisters. Er hatte zu mir gesagt: »Wenn du wieder zu dir gekommen bist, stärke die anderen.« Das ist meine Aufgabe geworden.

Nach der Bibel

DAS WUNDER DES ERZENGELS MICHAEL

Wir wohnten in einem kleinen steinernen Haus an einem sanften Hang in Apulien, umgeben von fruchtbaren Feldern und Wiesen. In den Olivenhainen nisteten die seltsamsten Vögel, die ich gern beobachtete. Jedes Jahr zu meinem Geburtstag veranstalteten meine Eltern für mich ein wunderschönes Fest, das stets den gleichen Ablauf nahm. Wenn die Dämmerung eingesetzt hatte, gingen wir, zusammen mit den Kindern aus der Nachbarschaft, zum Meer. Auf einer weiträumigen Felsplatte ließen wir uns nieder. Dort packte meine Mutter ihren großen, mit den herrlichsten Speisen gefüllten Korb aus. Frisches Brot gab es und gebratenes Huhn, Reis mit Lamm, saftige Tomaten, eingelegte Pilze und Oliven, Orangen und Trauben und als krönenden Abschluss des Essens süßen Mandelkuchen.

Aber der Höhepunkt des Abends kam erst, wenn meine Eltern die Öllämpchen, die jeder mitgebracht hatte, anzündeten. Wir stellten die brennenden Lämpchen auf die Felskante und schauten auf das Meer, bis die

Michael, du schlugst mit starker Hand den grausamen Drachen und viele Seelen hast du aus seinem Rachen erlöst.

Alkuin

Sonne versank. Nach und nach gingen die Sterne auf, und es schien, als winke uns der Mond von oben her freundlich zu. Selbst wir Kinder wurden dann still. Wenn es ganz dunkel war und wir nur noch in das Flackern der Lampen schauten, stimmte meine Mutter ein Lied an. Auch das Lied war in jedem Jahr dasselbe: ein Lied zu Ehren des Erzengels Michael. An meinem achten Geburtstag fragte ich meine Mutter in die Stille hinein: »Warum feiern wir eigentlich meinen Geburtstag jedes Jahr hier am Meer? Und immer nach dem gleichen Ablauf?«

Meine Mutter schwieg eine Weile. Dann begann sie zu erzählen: »Ihr wisst ja, dass wir nur an einem Tag zweimal zur Michaelskirche drüben auf dem Berg gehen können, weil das Wasser, das den Berg umströmt, nur dann zur Seite weicht.« Wir nickten einträchtig. »Vor acht Jahren waren wir wieder einmal mit den anderen aus dem Dorf auf dem Weg zur Michaelskapelle, um dort vor dem Stück des Gewandes, das der Erzengel vorzeiten auf den Altar gelegt, und vor dem Marmorstein, auf dem er damals gestanden hatte, zu beten. Doch plötzlich flutete das Wasser viel früher zurück, als wir erwartet hatten. Es gab ein entsetzliches Geschrei unter den Leuten. Alle rannten um ihr Leben. Am Ende konnten sie das Ufer unversehrt erreichen.« »Davon hat meine Mutter auch erzählt«, rief einer dazwischen. »Meine auch, sie hatte Mühe gehabt, meine Großmutter noch vor dem Wasser in Sicherheit zu bringen.« »Damals«, fuhr meine Mutter fort, »trug ich dich unter dem Herzen, und die Geburt stand kurz bevor.« Dabei sah sie mich mit einem liebevollen und zugleich sonderbaren Blick an. »Und dann?«, fragte ich aufgeregt. »Ich konnte nicht so schnell laufen. Eine große Woge erfasste mich.« Mir stockte der Atem. »Doch der Erzengel Michael hob mich hoch, so dass ich nicht untergehen konnte. Und da habe ich dich mitten im Wasser geboren und an meine Brust gelegt. Als das Wasser wieder gewichen war und den Weg erneut freigab, habe ich dich in den Armen gehalten und konnte, noch zitternd vor Schmerzen, aber überglücklich, an Land gehen.«

»Und deswegen heiße ich Michael?«, fragte ich. Meine Mutter nickte. »Michael, das heißt: Wer ist wie Gott?«, sagte sie, und aus ihrer Stimme war die Erinnerung an das Wunder zu spüren, das ihr einst widerfahren war.

Ich aber beschloss, dem Engel, der das Leben meiner Mutter und damit auch das meine gerettet hatte, jedes Jahr an seinem Gedenktag, genau hier, an dieser Stelle, ein Öllämpchen anzuzünden. Und ich habe es bis heute nicht ein einziges Mal versäumt.

Nach der Goldenen Legende

Geht in die Palmen,
heilige Engel,
dass mein Kind schlafe,
haltet die Zweige.

Felix Lope de Vega

DIE TRAUMENGEL

Wenn ich zurückdenke – wie lange das alles her ist. Ich bin jetzt ein alter Mann. Aber die Geschichte mit meiner Frau und unserem Sohn steht mir so lebendig vor Augen, als hätte sie sich gestern erst zugetragen. *Unser* Sohn. Damit hatte alles angefangen. Meine Frau und ich waren damals miteinander verlobt. Ich hatte sie von Herzen gern. Sie war noch so jung – und wunderschön. Ich hatte es geliebt, ihr über die langen glänzenden Haare zu streichen und ihr dabei zuzuhören, wenn sie etwas zu erzählen hatte. Dann glühten ihre Wangen. Sie hatte ein lebendiges Temperament und ein liebenswürdiges Wesen.

Irgendwann hatte ich wahrgenommen, dass sie fülliger geworden war. Als sich ihr Bauch zunehmend rundete, hatte kein Zweifel mehr darüber bestanden, dass sie schwanger war. Und das, obwohl ich sie bislang nicht angerührt hatte. Ich war sprachlos gewesen, wütend und enttäuscht zugleich. Wer mochte ihr Liebhaber gewesen sein? Und wie lange war das schon so gegangen? Wie hatte sie mir das nur antun können? Ich hatte immer das Gefühl gehabt, dass sie mich ebenso lieb gehabt hatte wie ich sie. Seit Langem schon hatte ich mich auf die Hochzeit mit ihr gefreut und darauf, Kinder mit ihr zu haben. Mit einem Schlag waren all meine Zukunftsträume zerstört worden. Ich war in meine Kammer gegangen, aber ich fand keine Ruhe. Was sollte ich tun? Ich hatte hin und her überlegt. Nach und nach war in mir der Entschluss gereift, sie in aller Stille zu verlassen. Ich hätte es nicht ertragen, wenn sie in Schande geraten wäre.

Dann muss ich wohl doch eingeschlafen sein. Es wurde eine sehr unruhige Nacht. Immer wieder schreckte ich auf und grübelte über meine Verlobte und ihre Schwangerschaft nach. Hatte es kein Vertrauen zwischen uns gegeben? Hatte ich mich nicht genug um sie gekümmert? Ich hatte mir eingestehen müssen, dass ich kein Mann war, der gut mit Gefühlen umgehen konnte. Tagsüber war ich in meiner Arbeit aufgegangen und am Abend hatte ich mich auf eine kräftige Mahlzeit und einen Becher Wein gefreut. Wie wir Männer eben so sind. Aber ich war doch nie grob zu ihr gewesen.

Irgendwann muss ich in tiefen Schlaf gesunken sein. Und da träumte ich, dass ein Engel zu mir redete: »Josef,

Sohn Davids«, sprach er mich an, »scheu dich nicht, Maria, deine Frau, zu dir zu nehmen, denn das Kind, das sie empfangen hat, kommt von Gottes Geist.« Wieder war ich aufgeschreckt. Was war das für eine Stimme gewesen? Ein Kind von Gottes Geist? Also hatte mich Maria doch nicht betrogen? Und dann hatte diese Stimme noch etwas gesagt, aber ich konnte mich nicht mehr an den genauen Wortlaut erinnern. Eine Verheißung aus der heiligen Schrift unseres Volkes sollte sich erfüllen, nach der eine Jungfrau einen Sohn zur Welt bringen würde. Davon hatte ich schon einmal gehört. Aber dass gerade meine Maria das hatte sein sollen? Immer wieder waren mir die Worte dieses sonderbaren Traums durch den Kopf gegangen. Dass es Engel gab, die das Leben von einem Augenblick auf den anderen auf den Kopf stellten, davon hatten die Alten unseres Volkes immer erzählt. Aber dass mir, dem einfachen Zimmermann, ein Engel erschienen sein sollte?

An Schlaf war nicht mehr zu denken. Nach und nach kam ich zu der Einsicht, dass ich mir den Traum nicht eingebildet hatte. Irgendetwas musste in dieser Nacht mit mir geschehen sein, irgendetwas hatte sich in mir verändert. Am nächsten Morgen eilte ich zu Maria und schloss sie fest in meine Arme. Ich strich über ihren Bauch und versprach, bei ihr zu bleiben. Es war mir gleichgültig geworden, was die Leute redeten. Aber ich hatte sie nicht berührt, bevor ihr Sohn zur Welt gekommen war. Ich gab ihm den Namen, so wie es der Engel im Traum mir befohlen hatte: »›Gott hilft‹, Jesus in unserer Sprache.«

Als das Kind auf die Welt kam, war viel Wundersames geschehen. Von Ferne waren Magier angereist, um Marias Sohn wie einen König zu ehren. Weihrauch wie im Tempel hatten sie angezündet und kostbare Geschenke gebracht. Ich hatte still zugeschaut, wie sie vor dem Kind auf die Knie fielen, und war aus dem Staunen nicht mehr herausgekommen. Dass sich dieses Ereignis bis zu Herodes, dem römischen Vasallen, herumsprach, hatte keiner von uns ahnen können. Als die Fremden wieder aufgebrochen waren, war ich, müde und erschöpft von den aufregenden Ereignissen des Tages, auf mein Lager gesunken. In dieser Nacht habe ich im Traum erneut die Stimme des Engels vernommen. Ich solle sofort aufstehen und mit Mutter und Kind nach

Ägypten fliehen, weil Herodes die Absicht habe, das Kind zu töten.

Ich zauderte nicht lange. Hatte ich der nächtlichen Stimme schon einmal vertrauen können, so wollte ich dies auch ein zweites Mal tun. »Engel beschützen die Menschen, manchmal auch vor sich selbst und den eigenen Irrtümern. Und dann bringen sie sie auf den richtigen Weg«, hatte meine Mutter früher oft zu mir gesagt. Als Kind hatte ich diese Worte gar nicht verstanden. Aber jetzt erinnerte ich mich an sie. Schnell war ich aufgestanden, hatte Maria und das Kind geweckt und in aller Eile noch ein paar Habseligkeiten zu einem Bündel zusammengeschnürt. Dann waren wir nach Ägypten aufgebrochen. Dort war uns später zu Ohren gekommen, dass Herodes tatsächlich alle neugeborenen Knaben in Betlehem hatte umbringen lassen. Wie konnte ein Mensch so etwas tun? Als er schließlich gestorben war, hörte ich den Engel zum letzten Mal im Traum. Seine Stimme beruhigte mich, dass ich nun unbesorgt mit meiner Frau und ihrem Kind zurückkehren könnte. Mit ihrem Kind hatte er gesagt. Mit dem Kind, das nicht von mir war. Aber im Laufe der Jahre, in denen ich den Jungen großgezogen hatte, ist er mir so ans Herz gewachsen, als sei er mein eigen Fleisch und Blut. Jetzt hat er sein eigenes Leben. Vor einiger Zeit hat er das Haus verlassen. Er zieht durch unser Land und spricht zu den Menschen. Wenn ich davon höre, überkommt mich große Angst. Es sind schon manche Männer von den Soldaten Roms wegen geringerer Taten als Aufwiegler des Volkes festgenommen worden. Was wird aus ihm werden, aus *unserem* Sohn? Ich wünschte, in meinen Träumen würde noch einmal der Engel zu mir sprechen.

Nach der Bibel

MEISTER PFRIEMS HIMMELSREISE

Meister Pfriem war ein kleiner, ständig gehetzter Mann. Er hatte eine Eigenart, die ihn bei seinen Mitmenschen alles andere als beliebt machte, denn an jedem, der ihm über den Weg lief, hatte er etwas auszusetzen. Seine Äuglein blitzten ständig umher, um etwas zu finden, was er tadeln könne. Hier prügelte er einen seiner Lehrjungen, dort schrie er seine Frau an; hier beschimpfte er die Mägde, dort bezichtigte er die Handwerker des Pfuschs. Für ihn waren alle Faulenzer. Nur er selbst hatte stets recht und wusste alles besser.

Meister Pfriem war ein Schuster. Doch hielt er es höchstens ein paar Minuten auf seinem Hocker aus. Kaum hatte er ein paar Stiche genäht, da sprang er schon wieder auf, um die Menschen in seiner Umgebung zurechtzuweisen. Einmal geschah es, dass ihm ein Lehrjunge einen Schuh reichte. Meister Pfriem fauchte den armen Jungen an, der Schuh sei viel zu weit geschnitten und bestünde fast nur aus Sohle, den würde man nicht verkaufen können. Der arme Lehrling antwortete mit hochrotem Kopf: »Verehrter Meister, dies ist der Schuh, den

Engel kommen und gehen.
Sie betreten unerkannt deine
Räume, berühren in aller
Stille dein Herz und lassen
dich verwandelt zurück.

Christa Spilling-Nöker

ihr selbst zugeschnitten und genäht habt. Er ist vorhin vom Tisch gefallen. Ich habe ihn nur vom Boden aufgehoben. Euch könnten wohl selbst die Engel im Himmel nichts recht machen.«

Des Nachts darauf nun träumte Meister Pfriem, dass er gestorben sei und vor der Himmelstür stünde. Er klopfte ungeduldig an das Himmelstor und dachte, ein Ring am Tor würde es wesentlich erleichtern, sich Gehör zu verschaffen, da müsste man sich nicht die Finger wund klopfen. Wie dem auch sei, nach einiger Zeit öffnete der Apostel Petrus und war ganz erschrocken, als er sah, wer da vor ihm stand. Am liebsten hätte er das Tor gleich wieder verschlossen, doch da es zur himmlischen Sitte gehörte, jedem Zutritt zu gewähren, der darum bat, sagte er: »Ich will euch wohl hereinlassen, sofern ihr von eurer Gewohnheit ablasst, an allem und jedem herumzunörgeln. Ihr würdet damit den himmlischen Einklang und das gemeine friedliche Wohlleben hier oben gefährden.« »Keine Sorge«, antwortete Meister Pfriem in seltener Höflichkeit, »im Himmel ist ja alles vollkommen, da wird es sicher keinen Grund zur Beanstandung geben.« Doch kaum hatte er diese Worte ausgesprochen, da sah er zwei Engel, die einen Balken trugen; es war der Balken, den einer im Auge gehabt hatte, während er die Splitter in den Augen anderer gesucht hatte. Wie kann man nur einen Balken quer tragen und nicht der Länge nach, dachte er; doch schnell sagte er sich: Solange sie nichts umstoßen und kaputtschlagen, ist es ja gleichgültig, wie sie den Balken tragen.

Nach und nach durchwanderte er die himmlischen Räume, einen nach dem anderen, als er zwei Engel sah, die Wasser in einen durchlöcherten Eimer schöpften. Sie tränkten dadurch die Erde mit Regen. »Eidadaus, was für ein Unsinn!«, entfuhr es ihm. Doch schnell besann er sich eines Besseren und meinte, dass die Engel sich damit wohl auf nutzlose Art und Weise ihre Langeweile vertrieben. Angesichts der Ewigkeit hatten sie im Himmel ja Zeit genug dazu. Eine Weile später sah er einen Wagen, der in ein Loch gefahren war. Wie kann man einen Wagen auch so närrisch laden, dachte er bei sich. »Was habt ihr denn auf eurem Gefährt, dass es so schwer ist und einem Loch auf dem Weg nicht ausweichen kann?«, fuhr er den Mann in gewohnter Weise an. »Lauter fromme Wünsche«, antwortete dieser. »Aber ich bin sicher, dass bald Hilfe kommt, um den Wagen wieder auf den Weg zu bringen.« Und in der Tat; der Mann musste nicht lange warten, als schon ein Engel mit zwei Pferden herbeigeeilt kam und sie vor den Wagen spannte. Na also, dachte Meister Pfriem, das ging ja jetzt schnell. Aber mit zwei Pferden ist es hier sicher nicht getan. Da müssen mindestens vier Pferde her, um den Wagen wieder flottzukriegen. Kaum hatte er diesen Gedanken zu Ende gedacht, da kam auch schon ein anderer Engel, zwei weitere Pferde vor sich hertreibend. Habe ich doch mal wieder recht gehabt, ging es Meister Pfriem durch den Sinn. Aber dann geschah etwas, das ihm für einen Augenblick die Sprache verschlug. Denn die Engel spannten die neu herbeigebrachten Pferde nicht zusammen mit den anderen beiden vorne, sondern hinten am Wagen an. »Was seid ihr denn für Tölpel? Hat man so einen Unfug schon einmal gesehen? Die Pferde vorne und hinten an einen Wagen anzuspannen?« Meister Pfriem war außer sich. Die Engel waren das allerdings auch. Einer packte Meister Pfriem am Kragen und warf ihn unvermittelt aus dem himmlischen Paradies hinaus. Im letzten Augenblick drehte er sich noch einmal um und sah, wie den Pferden Flügel gewachsen waren und sie den Wagen in die Höhe hoben. In diesem Augenblick erwachte Meister Pfriem. Der erste Gedanke, der ihm kam, war, dass doch kein Mensch in Ruhe mit ansehen könne, wie man, um einen Wagen zu befreien, zwei Pferde vorn und zwei hinten anspannen könne. Was für eine Narretei. Und wäre es zu ahnen gewesen, dass sie Flügel haben würden? Aber wozu hatten sie überhaupt Beine, wenn sie fliegen konnten? Der Traum beschäftigte Meister Pfriem noch eine kurze Weile. Dann aber warf er die Bettdecke abrupt von sich und stand schnell auf. Es trieb ihn die Angst, es könne in Haus und Hof alles wieder drunter und drüber gehen, wenn er nicht nach dem Rechten sehe. Und im Geheimen war er froh darüber, dass er nicht wirklich gestorben war.

Nach den Gebrüdern Grimm

VOM SCHUTZENGEL UND DER HEILIGEN JUNGFRAU

Ein friedlicher Tag war zu Ende gegangen. Im Kloster war es nach dem Abendgebet still geworden. Ich hatte noch eine Weile aus dem Fenster gesehen und zu den Sternen am Nachthimmel emporgeblickt. Die Mondsichel leuchtete und das Funkeln des Abendsterns war deutlich zu sehen – wie auf den Bildern der Heiligen Jungfrau, auf denen sie, den Mond zu Füßen, die Sterne um ihr Haupt, als leuchtendes Zeichen fern am Himmel über der Erde stand. Nur einmal im Leben, so wünschte ich mir, nur einmal hätte ich sie gern mit eigenen Augen aus der Nähe gesehen. Mit diesem Gedanken hatte ich mich ins Bett gelegt und war eingeschlafen.

Plötzlich hörte ich ein lautes Rufen: »Schwester, Schwester!« Schnell zog ich den Vorhang vor meinem Bett auf. Vor mir stand ein Kind, vier oder fünf Jahre alt, gehüllt in ein weißes Gewand. Es sah mich lächelnd an und sagte: »Katharina, steh schnell auf und folge mir in die Kapelle. Dort wartet die Heilige Jungfrau auf dich.« Ich wusste in dem Augenblick gar nicht, wie mir geschah.

Das Kind ruht aus
vom Spielen, am Fenster
rauscht die Nacht,
die Engel Gottes im Kühlen
getreulich halten Wacht.

Joseph von Eichendorff

Ich hatte fest daran geglaubt, dass sich mir die Heilige Jungfrau in dieser Nacht zeigen würde, jetzt aber war ich doch erschrocken. Dann sah ich wieder zu dem Kind und begann zu zittern. Ich blickte in seine strahlenden Augen – und hatte das Gefühl, es würde mir bis auf den Grund meiner Seele schauen und mich in meinem innersten Wesen erkennen. Angst und Freude bewegten mich gleichermaßen. »Man wird uns hören«, sagte ich ängstlich. »Es ist halb zwölf Uhr, alle schlafen. Nun komm!« Schnell kleidete ich mich an und folgte dem Kind durch die langen Gänge. Es ging immer zu meiner Linken. Bei jedem seiner Schritte entzündeten sich die Lichter, und mir schien, ich sei von einem heiligen Glanz umgeben.

Die Türen der Kapelle waren stets fest verschlossen, aber das Kind berührte sie nur mit den Fingerspitzen, und schon öffneten sie sich. Überall brannten Kerzen und Fackeln. Jeden Tag war ich in der Kapelle, um zusammen mit den anderen Schwestern zu beten, zu singen und das heilige Evangelium zu hören. Jetzt aber hatte ich das Gefühl, in einen fremden Raum eingetreten zu sein. Überall ein Leuchten und Glänzen, ein

Strahlen und Schimmern, das mich erschauern ließ. So muss es in den Vorhöfen des Himmels aussehen, durchfuhr es mich. Mitten hinein in mein Staunen rief mir das Kind erneut zu: »Hier ist die Heilige Jungfrau!« Ich hörte nur etwas, das klang wie das Rascheln eines Kleides, und sah eine Frauengestalt, deren Würde einer Königin glich. Leise sagte das Kind zu mir: »Hier ist die Heilige Jungfrau.« Dann hockte es sich auf die Stufen vor dem Altar. Ich kniete vor der Heiligen Jungfrau nieder und legte meine Hände um ihre Knie. Wie im Traum nahm ich die Worte auf, die sie zu mir sprach und gab ihnen Raum in meinem Herzen. Das wundersame Glück, das ich verspürte, habe ich ein Leben lang nicht vergessen. Mein innigster Wunsch war erhört worden.

In diesem Moment wuchs mir die Gewissheit zu, dass das Kind in seinem weißen Gewand, das mich mitten in der Nacht gerufen und mir den Weg gewiesen hatte, mein Schutzengel war.

Legende der heiligen Cathérine Labouré

DER ENGEL AM FLUSS

Der Himmel war klar und blau; kein Lüftchen regte sich. Ich war gerade auf dem Weg zum Markt, als es plötzlich krachte und donnerte und die Luft von einem Augenblick auf den anderen so sehr mit Staub erfüllt war, dass ich nicht mehr die Hand vor den Augen sehen konnte. Ich war zu Tode erschrocken. War Avignon überfallen worden? Menschen riefen, alle rannten wild durcheinander. Ich lief zum Fluss – und da sah ich, wie sich die Trümmer türmten. Ein Teil unserer berühmten Brücke des Heiligen Benedikt war eingestürzt. Die Rhône schäumte von den Gesteinsbrocken, die immer noch hinabstürzten. Schon hatte sich eine Gruppe von Schaulustigen versammelt.

Zusammen mit anderen beherzten Männern versuchte ich, schwere Steinbrocken zu bewegen, um nach Verschütteten zu suchen. Nach und nach stießen immer mehr Helfer zu uns. Menschen schrien und wimmerten vor Schmerzen. Bis zum Abend hatten wir unzählige Verletzte und Tote geborgen. In der Nacht wechselten wir uns gegenseitig ab: Einige hielten die Fackeln, während die anderen beide Hände frei hatten, um wei-

Schöner Engel,
mein Begleiter,
du leuchtest im Himmel
wie eine zarte Flamme,
nahe dem göttlichen Thron
des Ewigen.

Thérèse von Lisieux

tere Trümmer beiseite zu räumen und nach Verschütteten suchen zu können. Es mag wohl um Mitternacht gewesen sei, als einer der Männer plötzlich rief. »Hier ist ein schwerer hölzerner Kasten!« Zu dritt versuchten wir, so gut wir es eben vermochten, ihm zu Hilfe zu eilen. Im Licht der Fackeln sahen wir, dass wir nicht einfach eine schwere Kiste anhoben, sondern einen Reliquienschrein. Mich schauderte. Darin mussten die Gebeine des kleinen Benedikt liegen, der in unserer Stadt seit fünfhundert Jahren als Heiliger verehrt wird! Man hatte ihm nach seinem frühen Tod über dem dritten Brückenpfosten eine Kapelle errichtet und seinen Leichnam dort zur letzten Ruhe gebettet. Einer der Männer hatte nach dem Bischof geschickt. Kaum war die Frühmesse vorüber, kam dieser auch schon herbeigeeilt. Er sank vor dem Reliquienschrein auf die Knie und betete. Später wurde der Schrein auf einen Karren geladen und zur Kathedrale gebracht. Die Glocken läuteten, als der Schrein geöffnet wurde. Das Wunder, das dort zu sehen war, machte im Volk schnell die Runde. Der Leib des heiligen Benedikt sei völlig unversehrt, hieß es, selbst seine Eingeweide seien noch erhalten.

An diesem Sonntag des Jahres 1660 strömten wir alle in die Kathedrale von Avignon. Wir gedachten der Opfer des Unglücks und beteten für sie. Für jeden Toten wurde im Altarraum eine Kerze angezündet. In diese aufrichtige Trauer mischte sich aber zugleich das Gefühl, Zeuge eines außergewöhnlichen Ereignisses geworden zu sein. Der Bischof muss wohl ähnlich empfunden haben, denn anstatt in der Predigt die Bibel auszulegen, wie es üblich ist, erzählte er uns die Lebensgeschichte des kleinen Benedikt. Obwohl die meisten von uns sie kannten, war es mucksmäuschenstill, als der Bischof anhob:

Ein armer Hirtenjunge ist er einmal gewesen, der kleine Benedikt. Sein Herz war so rein und fromm, dass ihm alles, was böse genannt wurde, fremd war. Er liebte das Gebet und hing mit seiner ganzen Seele an unserem Herrn und der Heiligen Jungfrau. Das ist der Grund, aus dem der Himmel ihn zu einem wunderbaren Werk auserwählt hatte. Benedikt war gerade einmal zwölf Jahre alt und hütete, wie jeden Tag, die Schafe seiner Eltern, als er eine Stimme vernahm: »Benedikt, liebes Kind, höre die Stimme deines Herrn!« Der Junge war erschrocken und verwirrt zugleich, denn er sah niemanden, der ihn angesprochen haben könnte. Dann vernahm er die Stimme zum zweiten Mal. »Fürchte dich nicht, Benedikt, dein Herr spricht zu dir.« Benedikt fragte: »Was willst du, das ich tun soll?« »Ich möchte«, sprach die Stimme, »dass du deine Herde verlässt und über die Rhône eine Brücke baust.« Es gab ja damals noch keine Straßen oder Brücken über die reißenden Flüsse und Ströme, so dass Wanderer und Reisende oft in Lebensgefahr gerieten, wenn sie versuchten, mit einem Boot über das Wasser zu setzen. Der kleine Benedikt aber sagte: »Ich habe meinen Eltern fest versprochen, die Schafe niemals zu verlassen. Und ich weiß auch gar nicht, wie ich zu dem Fluss gelangen soll.«

»Ich selbst werde deine Schafe hüten«, sprach die himmlische Stimme, »und ich werde dir jemanden an die Seite stellen, der dir den Weg weist.« »Aber ich habe nur drei Pfennige in der Tasche«, wandte Benedikt ein, »wie soll ich damit eine Brücke bauen?« »Du brauchst dir keine Sorgen zu machen, vertraue mir nur!« Gestärkt durch den Zuspruch machte sich der Knabe auf den Weg. Da erschien ihm ein strahlender Jüngling, der ihn bis zum Fluss geleitete. Doch wie erschrocken war der Junge, als er sah, wie wild und breit der Strom war. »Wie soll ich denn hier eine Brücke bauen?« Der Jüngling antwortete: »Fürchte dich nicht, sondern tue das, wozu Gott dich ermächtigt hat! Hier siehst du einen Kahn. Fahre damit über den Fluss auf die andere Seite, geh zu dem Bischof der Stadt Avignon und berichte ihm von deinem göttlichen Auftrag.« Als Benedikt sich noch einmal nach dem Jüngling umsah, war dieser entschwunden, doch über dem Wasser schwebte ein seltsamer lichter Glanz.

Der Junge ging zu dem Kahn und bat einen Schiffer, ihn aus Liebe zur Heiligen Jungfrau über den Fluss zu bringen. Der Schiffer wollte sich auf diese Art von Handel aber nicht einlassen, denn er glaubte nicht an die Heilige Jungfrau und sagte: »Gib mir drei Pfennige, wie alle anderen auch, dann bringe ich dich hinüber.« Benedikt blieb nichts anderes übrig, als dem Fährmann seine drei Pfennige auszuhändigen. Auf der anderen Seite angekommen, machte er sich auf den Weg. Nach drei Tagesreisen hatte er die Stadt Avignon erreicht und begab sich am Sonntag unverzüglich zur Kirche des Bischofs.

Nach dem Schlusssegen der Messe verneigte sich Benedikt ehrerbietig vor dem Bischof und berichtete ihm von seinem göttlichen Auftrag. Der Bischof aber glaubte dem Jungen kein Wort; er wusste nicht zu sagen, ob dieser Gott lästere oder einfach nur verrückt sei.

Zornig schickte er den Hirtenknaben zum Richter, nicht ohne ihm zu drohen, dort würde ihn eine empfindliche Strafe erwarten. Benedikt aber fürchtete sich nicht vor dem Richter, sondern schilderte auch ihm, dass er von einer himmlischen Stimme angewiesen sei, eine Brücke über die Rhône zu bauen, und bat ihn um seine Hilfe. Natürlich glaubte ihm auch der Richter kein Wort. Um den närrischen Jungen loszuwerden, wies er auf einen Stein von ungeheurem Ausmaß, der im Hof lag, und sagte lachend: »Nimm diesen Stein und beginne damit den Bau deiner Brücke!« Da schlug Benedikt das Zeichen des heiligen Kreuzes über dem Stein, hob ihn hoch und trug ihn mühelos ans Ufer. Der Richter und das Volk, das in den Straßen weilte, war von tiefem Staunen ergriffen. »Ein Wunder«, raunte es durch die Gassen. Kranke schleppten sich mühsam herbei und wurden allein durch die Berührung seiner Kleider gesund. Jetzt glaubte jeder an die göttliche Sendung des Hirtenknaben. Schon bald war eine beträchtliche Summe Geldes zusammen, mit dem die Errichtung der Brücke begonnen werden konnte. Und der kleine Benedikt wusste den Bau anzuleiten wie ein alter Baumeister. Viele Männer, die Tag für Tag Steine für die Brücke heranschleppten und Benedikt schon zu seinen Lebzeiten als Heiligen verehrten, schlossen sich zur Bruderschaft der Brückenbauer zusammen. Elf Jahre lang hatte Benedikt sein Werk zu gestalten gewusst. Doch Gott vergönnte ihm nicht, dessen Vollendung mit eigenen Augen schauen zu dürfen.

»Heute nun«, und damit schloss der Bischof seine Erzählung, »ist der heilige kleine Benedikt unter uns. Wir danken ihm dafür, dass er der himmlischen Stimme geglaubt hat.« Unter dem Gesang eines Chores zogen wir in einer großen Prozession am Schrein des kleinen Benedikt vorbei. Fünfhundert Jahre hatte er die Brücke bewacht, die unsere Stadt ihm verdankte, ihm und dem Engel, der ihn zum Fluss führte.

Legende von Saint Bénézet

DER ENGEL DER VERGEBUNG

Es war einmal ein Einsiedler, der lebte in einem kleinen Wald am Fuße eines Berges. Sein Lebensinhalt bestand darin, zu beten und Gutes zu tun. So mühte er sich an jedem Tag damit ab, einige Eimer Wasser den Hügel hinaufzutragen, um die Tiere zu tränken und die Pflanzen auf dem kargen, vom Wind ausgetrockneten Boden zu erquicken. Da der Mann so fromm war, begleitete ihn auf all seinen Wegen ein Engel, den er mit seinen Augen schauen konnte. Hatte der Einsiedler sein Tagewerk vollbracht, gab ihm der Engel zu essen.

So vergingen die Jahre. Der Mann war alt und grau geworden, als er aus der Ferne sah, wie ein armer Sünder zum Galgen geführt wurde. Da entfuhr es ihm: »Nun bekommt dieser Frevler seine gerechte Strafe.« An diesem Abend erschien der Engel nicht. Da dachte der arme Mann, womit er wohl Gottes Zorn erregt haben könne. Er aß und trank nicht mehr, sondern kniete auf der Erde und betete unablässig. Eines Tages, als er wieder einmal bitterlich weinte, hörte er über sich ein Vöglein wundervoll singen. »Du kannst wohl fröhlich sein, kleiner Vogel. Dir zürnt Gott nicht, weil du dich nicht gegen ihn versündigt hast. Bitte sage mir doch, womit ich den Höchsten beleidigt habe, damit ich Buße tun kann und mir verziehen wird.« Da sprach der Vogel: »Gott ist zornig auf dich, weil du den Stab über einen Sünder gebrochen hast, der zum Galgen geführt wurde. Doch wenn du mit aufrichtigem Herzen Buße tust, so sollst du Vergebung erfahren.«

Unversehens stand der Engel neben ihm, einen trockenen Ast in der Hand, und sagte: »Nimm dieses Holz, trage es am Tage bei dir und lege es des Nachts unter deinen Kopf. Tu das so lange, bis drei grüne Zweige daraus hervorsprießen. Bis dahin wirst du dir dein Brot erbetteln müssen. In keinem Haus, in dem man dich beherbergt, darfst du länger als eine Nacht bleiben. Das ist die Buße, die Gott dir auferlegt.«

Da machte sich der alte Mann auf den Weg zur Stadt. Er klopfte an so manche Tür. Hin und wieder erhielt er ein paar Brocken und ein Nachtquartier, an manchen Tagen aber blieb er hungrig. Eines Tages geschah es, dass ihn niemand beherbergen wollte. Müde ging er in den

Friede mit euch,
ihr dienenden Engel,
bringt Frieden,
ihr Engel des Friedens.

Jüdische Überlieferung

Wald, um sich auf das Moos zu betten, als er eine Höhle entdeckte, in der eine alte Frau saß. »Bitte, gute Frau, lasst mich für eine Nacht bei euch bleiben.« »Das ist unmöglich«, erwiderte die Frau, »denn ich habe drei Söhne, die sehr böse sind. Wenn sie von ihrer Dieberei nach Hause kommen, werden sie uns beide umbringen.« Der Alte erwiderte: »Ich bin sicher, dass sie uns nichts antun werden.« Da ließ ihn die Frau in ihrem Mitleid ein. Er legte sich unter die Treppe und barg den Ast unter seinem Kopf. Als die Frau das sah, fragte sie, warum er das tue. Da erzählte er ihr seine Geschichte. Die Frau begann zu zittern und dachte: Wenn Gott nur ein einziges Wort so hart bestraft, wie wird es dann meinen Söhnen am Jüngsten Tag ergehen?

Um Mitternacht kamen die drei Räuber heim. Sie grölten und lärmten herum, aßen rohes Fleisch und tranken Bier dazu. Als sie ein Feuer entzündet hatten und die Höhle erleuchtet war, entdeckten sie den Alten unter der Treppe. Sie fuhren ihre Mutter an, dass sie ihr doch verboten hätten, Fremde einzulassen. Die alte Frau weinte und sprach: »Dieser Mann ist ein Sünder und ist auf dem Weg, um Buße zu tun.« Da wurden die Räuber neugierig und fragten den Alten: »Was für Sünden hast du denn begangen?« Der Alte, dem die Tränen der Reue über das Gesicht liefen, richtete sich auf und erzählte, dass ihm in seinem ganzen Leben nur ein einziges böses Wort über die Lippen gekommen sei, für das er so hart büßen müsse. Da erschraken die Räuber, weil sie an all ihre zahllosen Verbrechen dachten. Sie gingen in sich, bereuten all das Unrecht, das sie begangen hatten, und wollten dafür büßen. Nachdem sie solchermaßen Reue empfanden und ihr Leben zu bessern versprachen, legte sich der Alte wieder auf das Holz. Am kommenden Morgen fand man ihn tot unter der Treppe. Über Nacht aber waren aus dem Ast drei grüne Zweige gesprossen zum Zeichen dafür, dass Gott ihm vergeben und ihn wieder in Gnade bei sich aufgenommen hatte.

Nach einem Märchen der Gebrüder Grimm

Denn der Höchste befiehlt
seinen Engeln, dich zu
behüten auf all deinen Wegen.
Sie tragen dich auf ihren
Händen, damit dein Fuß
nicht an einen Stein stößt.

Psalter

DIE STIMME DES ERZENGELS

Jahrelang hatte er ein ruchloses Leben geführt, der Ritter Galgano. Er war einer der größten Zecher in seinem kleinen Heimatdorf Chiusdino in Tuszien gewesen. Wo und wann immer sich die Gelegenheit dazu ergeben hatte, protzte er mit seiner Kraft. Er forderte andere Ritter zum Kampf auf, zog sein Schwert und war erst zufrieden, wenn der Gegner blutend vom Pferd fiel. Unzählige Frauen, so erzählte man sich, habe er verführt; die aber, die sich ihm widersetzt hatten, habe er mit Gewalt genommen.

Eine Tages erschien ihm der Erzengel Michael: »Galgano, gib dein niederträchtiges Leben auf und begib dich auf den Weg des Glaubens und der Buße!« Die Begegnung mit dem Engel traf ihn mitten ins Herz. Er, der kein Abenteuer ausgelassen hatte, ging zu seiner Familie und verkündete ihr, dass er fortan als Einsiedler in einer Höhle hausen wolle. Da hatte er einiges an Spott zu ertragen. »Du willst als Einsiedler leben und deiner Lust an schönen Frauen entsagen? Wovon willst du dich nähren? Von wilden Früchten? Hoch auf dem Berg gibt es weder gebratene Fleischstücke noch Krüge voll Wein.«

Mit solchen oder ähnlichen Worten machten sie sich lustig über ihn. Galgano aber hielt an seinem Entschluss fest. »Du kannst doch nicht einfach fortgehen, ohne dich von deiner Verlobten verabschiedet zu haben.« Seine Mutter redete so lange auf ihn ein, bis er ihrem Drängen nachgab. Er kleidete sich in sein vornehmstes Gewand, um nach Cititella Marittima zu reiten und seiner schönen jungen Braut Polissena Brizzi Lebewohl zu sagen. Doch auf dem Weg scheute sein Pferd plötzlich, und er stürzte zu Boden. Voller Schmerzen spürte er dennoch, wie ihn eine wundersame Kraft gepackt hatte und aufrichtete. Dann vernahm er eine Stimme, die ihm durch Mark und Bein fuhr. Er zitterte am ganzen Körper, als er die Worte vernahm: »Galgano, brich sofort nach Monte Siepi auf!« Der Stimme zu widersprechen, wagte er nicht. Als er die Spitze des Hügels erreicht hatte, sank er zu Boden. Und noch einmal nahm er die Stimme wahr: »Galgano, gib endlich dein gottloses Treiben auf!«

Er zögerte jedoch und gab gewitzt zur Antwort: »Selbst, wenn ich der Überzeugung wäre, dass ich mein Leben ändern sollte, dann wäre das für mich so schwer, als wenn ich mit meinem Schwert einen Stein zerschlagen müsste.« Zum Beweis seiner Worte packte er sein Schwert mit beiden Händen, holte weit aus und schlug mit voller Kraft auf einen Stein. Wider Erwarten brach die Schneide aber nicht ab, sondern blieb in der Mitte des Steins stecken. Nun war er endgültig von der Weisung des Engels überzeugt und verharrte den Rest seines Lebens auf dem Hügel. Er lebte dort in Armut und Keuschheit; wilde Tiere bildeten seine einzige Gesellschaft. Einmal, so erzählte man sich später unten im Dorf, habe der Teufel einen rohen Gesellen in der Verkleidung eines frommen Mönchs zu ihm geschickt, um ihn zu töten. Doch die Wölfe, die die Einsamkeit mit ihm teilten, vereitelten den bösen Plan. Galgano aber lebte fromm und gottesfürchtig, bis Gott in seinem dreiunddreißigsten Lebensjahr den Erzengel Michael sandte, um ihn in sein ewiges Reich heimzuholen.

Nach der Legende des heiligen Galgano

Engel umschweben uns,
wo wir auch gehn,
Engel umgeben uns,
wie wir uns drehn.
Doch wir erkennen sie
nicht in dem Licht,
und zu benennen sie
wissen wir nicht.

Friedrich Rückert

DER VERKLEIDETE ENGEL

Es war einmal ein König, der herrschte über ein großes Reich und dachte in seinem Hochmut, dass niemand mächtiger sei als er. Eines Abends ging er zur Kirche. Dort las der Priester die Worte aus dem Lukasevangelium: »Gott stößt die Mächtigen vom Thron und erhöht die Niedrigen.« Der König erschrak und gab ein Gebot heraus, dass dieser Satz unverzüglich aus allen Büchern getilgt werden sollte. Darüber hinaus dürfe er, landauf, landab, weder in Klöstern noch in Gotteshäusern gesprochen oder gesungen werden.

Eines Tages nun suchte der König ein Bad auf. Da gedachte Gott, ihn für seine Versündigung an der Heiligen Schrift zu bestrafen. Er sandte einen Engel in das Badehaus, der sollte dort die Gestalt des Königs annehmen; seinen Hofstaat und alles Volk aber schlug er mit Blindheit. Als der König aus dem Bad kam, setzte er sich auf eine Bank. Dort saß aber schon der Engel. Da kam der Herr des Bades und herrschte den König an, er solle sich eiligst hinwegscheren, dies sei allein die Bank des Königs. »Du sagst es«, erwiderte der König, »kennst du deinen Herrn und Gebieter nicht mehr?« »Was bist denn du für ein Narr? Über welches Reich herrschst du, vielleicht über Narragonia?« Bei diesen Worten nahm der König vor Zorn einen Topf, den er nach dem Herrn des Bades warf. Augenblicklich entstand ein Tumult, und unzählige Fäuste droschen auf den König ein. Der Engel stellte sich aber schnell dazwischen, um den König vor weiteren Schlägen zu bewahren. Bevor nun der Engel das Badehaus verließ, legten ihm die Höflinge die königlichen Gewänder an und geleiteten seine prunkvolle Kutsche zum Palast. Den König aber warfen der Herr des Bades und ein paar andere kräftige Burschen vor die Tür. Da machte sich das Volk, ja selbst sein eigenes Gesinde voller Häme über ihn lustig, denn es erkannte ihn ja keiner.

Nackt wie er war, eilte der König zur Schenke, läutete und schlug mit den Fäusten gegen die Tür. Als der Pförtner ihn sah, wollte er das Tor augenblicklich wieder schließen, doch der Mann lärmte herum und bettelte: »Lasst mich herein, ich bin doch euer König.« »Unser König? Du bist ja ein ganz närrischer Vogel.« Da rief der Schankwirt von hinten, was denn los sei. »Hier steht ein Verrückter ohne Hemd und Kleid und behauptet, er sei der König.« »Lass ihn herein«, sagte der Schankwirt, »und gib ihm ein notdürftiges Gewand, damit er seine Blöße bedecken kann.« Nun wandte der König sich an den Schankwirt und erinnerte ihn an all die geheimen und vertrauten Worte, die sie miteinander gewechselt hatten, damit dieser ihn als König erkennen möge. Der Schankwirt lachte, ja, um diese Gedanken wisse er wohl, die müsse ihm der Teufel ins Ohr geflüstert haben. Aber da er eine mitleidige Seele hatte, ließ er dem König etwas zu essen bringen. Im Stillen dachte er, von diesem Vorfall müsse er dem König Bericht erstatten.

Da er bei Hofe aufgrund seiner weisen Ratschläge ein hohes Ansehen genoss, hatte er dort freien Zutritt. Eilends machte er sich auf den Weg. Im Palast begegnete er dem Engel, der ihn aufforderte, den König herbeizubringen. Was war das für ein Gejohle, als der dürftig bekleidete König das Schloss betrat. Von allen Rängen regnete es Hohn und Spott. Doch wie zuckte der König erst zusammen, als er den Engel neben seiner Gemahlin, der Königin, sitzen sah. »Ist es denn wahr, Ihr seid der König hier?«, fragte ihn der Engel.« »Du sagst es«, erwiderte der König. »Heute Morgen ist es mir noch wohlergangen, als ich in den Armen meiner Frau gelegen habe.« Die Frau errötete bei dem Gedanken, diesen Irren geliebt haben zu sollen, und beschimpfte ihn als verrückt. Wieder grölte das Volk und wollte den König schon packen, da ging der Engel dazwischen und führte ihn in eine abgelegene Kammer. Der Engel sprach den König an und sagte. »Glaubst du nun, dass Gott allein alle Macht gegeben ist im Himmel und auf Erden? Er stößt die Mächtigen vom Thron und erhöht die Niedrigen. Was nützt dir dagegen dein gewaltiges Heer?« Da fragte der König: »Bist du Gott?« »Nein«, gab der Engel zur Antwort, »aber einer seiner Diener. Ich bin gesandt, dich von deiner Überheblichkeit abzubringen, denn nur Gott allein kann erhöhen und erniedrigen.«

Der König sank auf die Knie und bat um Vergebung. Der Engel hieß ihn aufzustehen und sagte: »Sei barmherzig, mildtätig und gerecht gegen jedermann, gleich ob er reich ist oder arm, bedeutend oder nicht. Willst du das tun, so sollst du wieder König sein.« Dann reichte der Engel ihm seine königlichen Gewänder und entschwand. Als der König in den Thronsaal zurückkehrte, erzählte er allen, die dort anwesend waren, von seinem Geschick. Zum Beweis dafür zeigte er das dürftige Kleidlein vor, das ihm der Schankwirt gegeben hatte. Sein Gesinde fürchtete, dass es ihnen nun an Leib und Leben gehen würde, und auch seine Gemahlin bat ihn um Gnade, da sie ihn für einen Tölpel gehalten hatte. Aber er nahm ihre Hände in die seinen und tat niemandem etwas zuleide, denn er gab sich selbst die Schuld an dem, was geschehen war. Noch am gleichen Tag ließ er das Wort aus dem Lukasevangelium wieder in alle Bücher schreiben, aus denen es gestrichen worden war, und jeder Priester durfte wieder lesen, wie geschrieben steht: »Gott stürzt die Mächtigen vom Thron, aber die Niedrigen erhöht er.«

Nach Ludwig Bechstein

»Himmelsbote du,
bist du der Tod, sprich,
bist du Leben gar?«
Und sich umdunkelnd,
schöner doch als Licht,
»Ich bin die Liebe«,
jetzt der Engel spricht.

Victor Hugo

QUELLEN

Der Engel Metatron, nach: Wie Elischas Frau an einen Engel dachte und davon einen klugen Sohn bekam, aus: Das Ma'assebuch, Altjiddische Erzählkunst. Vollständige Ausgabe, ins Hochdeutsche übertragen, kommentiert und herausgegeben von Ulf Diederichs, München[2], 2004

Drei Engel zu Gast, nach: Die Bibel, Genesis 18,1–15

Der Hirte und der Engel Asriel, nach: Engelzauber, Engellegenden aus alter und neuer Zeit. Herausgegeben von Claudia Lardon-Kattenbusch, Neuauflage Berlin, 2004

Der Esel und der Engel, nach: Die Bibel, Numeri 22,1–35

Ein Engel auf Brautschau, nach: Die Bibel, Das Buch Tobit

Der Gesang der Engel, nach: Von Sanct Maria Magdalena, aus: Legenda aurea des Jacobus de Voragine, Gütersloh[13],1999

Die Blume des Engels, nach: Hans Christian Andersen, Der Engel, aus: Ders., Gesammelte Märchen Band 1 und Band 2. Auf Grund älterer Übersetzungen herausgegeben und zum Teil neu übersetzt von Fl. Storrer-Madelung, Zürich o. J.

Der Engel in der Löwengrube: nach: Die Bibel, Daniel 1 und Daniel 6

Der Engel im Kerker, nach: Die Bibel, Apostelgeschichte 5,12–21a

Das Wunder des Erzengels Michael, nach: Von Sanct Michael, dem Erzengel, aus: Legenda aurea des Jacobus de Voragine, Gütersloh[13], 1999

Die Traumengel, nach: Die Bibel, Matthäus 1,18–24; 2,13–15; 19–23

Meister Pfriems Himmelsreise, nach: Meister Pfriem, aus: Kinder- und Hausmärchen. Gesammelt durch die Brüder Grimm. Vollständige Ausgabe mit über 160 Holzschnitten von Ludwig Richter, Bayreuth[5], 1980

Vom Schutzengel und der Heiligen Jungfrau, nach: Die heilige Katharina Labouré, aus: Ferdinand Holböck, Vereint mit den Engeln und Heiligen, Stein am Rhein (Schweiz)[2], 1987

Der Engel am Fluss, nach: Der heilige kleine Benedikt, aus: Legende von den lieben Heiligen Gottes. Nach den besten Quellen neu bearbeitet und herausgegeben von Georg Ott, Regensburg, New York und Cincinatti, 1879

Der Engel der Vergebung, nach: Die drei grünen Zweige, aus: Kinder- und Hausmärchen. Gesammelt durch die Brüder Grimm. Vollständige Ausgabe mit über 160 Holzschnitten von Ludwig Richter, Bayreuth[5], 1980

Die Stimme des Erzengels, nach: Der heilige Galgano und das Schwert, aus: Galgano Guidotti, Ökumenisches Heiligenlexikon (www.heiligenlexikon.de)

Der verkleidete Engel, nach: Der König im Bade, aus: Ludwig Bechstein, Sämtliche Märchen, Stuttgart, 1975

Zu den Zwischentexten vgl. die Sammlung:
Die Poesie des Himmels. Eine literarische Reise durch die Welt der Engel. Herausgegeben von Josefine Müllers, Freiburg im Breisgau, 2008

Christa Spilling-Nöker

Die Autorin dieses Bandes, Dr. Christa Spilling-Nöker, ist Pfarrerin mit pädagogischer und tiefenpsychologischer Ausbildung. Sie ist Verfasserin zahlreicher erfolgreicher Veröffentlichungen im Verlag Herder.

Vom Engel, der nicht fliegen konnte
Die schönsten Weihnachtsengelgeschichten
128 Seiten | ISBN 978-3-451-30497-2

Ein Engel dir zur Seite
Mit Bildern von Marc Chagall
128 Seiten | ISBN 978-3-451-30361-6

Die schönsten Seiten des Lebens
Das Familienhausbuch für das ganze Jahr
240 Seiten | ISBN 978-3-451-32551-9

Himmlische Küche
Kochbuch für die christlichen Feste
Mit 12 Rezepten von Starköchin Lea Linster
224 Seiten | ISBN 978-3-451-30206-0

HERDER

WORTE VOLL WEISHEIT

Ein Weisheitsschatz aus der ganzen Welt: Worte, die inspirieren und Licht in unseren Alltag bringen.

Christian Leven (Hg.)
Weisheit der Welt · Worte, die gut tun
256 Seiten | ISBN 978-3-451-30630-3

BALSAM FÜR DIE SEELE

Norbert Lechleitners »Balsam für die Seele« sind sympathische Weisheitsgeschichten, pointiert erzählt, heiter und verblüffend.

Balsam für die Seele: Lebensfreude
Überraschende Weisheitsgeschichten zum Genießen
144 Seiten | ISBN 978-3-451-30596-2

Balsam für die Seele: Hoffnung
Überraschende Weisheitsgeschichten, die Zuversicht schenken
144 Seiten | ISBN 978-3-451-30597-9

»Balsam für die Seele«-Bände gibt es auch zu den Themen Liebe, Freundschaft, Glück und Kraft.

HERDER

www.herder.de

Gesamtgestaltung:
Tina Lechner Grafik & Buchdesign, Stuttgart
Umschlagmotiv:
Edward Burne-Jones (1833–1898), Engel
Bildvorlage: © Getty Images

Herstellung:
fgb · freiburger graphische betriebe
www.fgb.de

Gedruckt auf umweltfreundlichem,
chlorfrei gebleichtem Papier
Printed in Germany

ISBN 978-3-451-30594-8